España y su herencia invisible

Historia

José Carlos Gracia

España y su herencia invisible

ESPASA

PEFC Certificado

Este libro procede de bosques gestionados de forma sostenible

PEFC

PEFC/14-38-00305 www.pefc.es

Espasa, un sello editorial de Editorial Planeta, S. A.
Avda. Diagonal, 662-664, 08034 Barcelona (España)
www.espasa.com
www.planetadelibros.com

Adaptación de la cubierta: Booket / Área Editorial Grupo Planeta
Ilustración de la cubierta: © Raúl Allén
Primera edición en Colección Booket: octubre de 2024

Depósito legal: B. 14.330-2024
ISBN: 978-84-670-7490-1
Impresión y encuadernación: QP Print
Printed in Spain - Impreso en España

Biografía

José Carlos Gracia es el creador y director del podcast de historia de España «Memorias de un tambor». A lo largo de su trayectoria, en su empeño por difundir la historia y las humanidades, ha sido merecedor de varios premios y nominaciones de prestigio, como el premio Bitácoras al Mejor Podcast Nacional y el Premio de la Asociación de Escuchas de Podcasting (ASESPOD). Está avalado por decenas de miles de seguidores, y varios de sus audios han logrado más de 500.000 descargas, lo que le convierte en un referente del podcasting nacional.

memoriasdeuntambor.com

Índice

Para comenzar 9

Primera parte. Somos cómplices 17
Limpiar el río 19
Guardar el cañón 27
El espejo roto 32
Las gafas de la época 37
Oscuridad y una manta 42

Segunda parte. Somos humanos 47
El origen 49
La evolución 58
La interpretación de los sucesos 66
Espiritualidad y trascendencia 72

Tercera parte. Somos españoles 77
Nace España 79
Protagonistas anónimos 84
La huella imborrable 94
Una mirada desde dentro 102

Cuarta parte. Somos herederos 121
Atapuerca 123
Mujeres 131

Mediterráneos 146
Romanos 154
Árabes 160
La Reconquista 171
El Camino de Santiago 181
Americanos 189
La leyenda negra 198
Austrias y Borbones 203
La Transición 207
Modelos 216

Quinta parte. ¿Somos conscientes? 223
Nuestro árbol 225
El show de Truman 227
Generaciones 232
Memorias de un tambor 238

Para concluir 249

Para comenzar

Ut video vidi. Sicut me videtis videtis.
(Como te ves, me vi. Como me ves, te verás).

Inscripción de la iglesia de San Fructuoso,
Santiago de Compostela, siglo xviii

Cuando a finales del 2013 comencé a publicar audios sobre la historia de España, no podía imaginar el impacto que iban a tener. Y ha sido precisamente el éxito del pódcast *Memorias de un tambor* lo que me ha animado a adentrarme en el intimidatorio mundo de la escritura. Un espacio desconocido para mí.

Seguro que al abrir este libro esperas encontrar multitud de datos y referencias a personajes célebres de la historia de España. Sin duda, algo de esto hallarás. Pero mi intención es recorrer juntos un camino que sobre todo nos introduzca en la mente de personajes anónimos. Individuos comunes a los que la vida situó en un momento crucial de la historia. Adoptaré un punto de vista humano, haciendo hincapié en experiencias y sensaciones personales.

Intentaremos conectar lo más íntimo de nosotros mismos con los sucesos del pasado, por lo que nuestro viaje no será en modo alguno convencional. Optaremos siempre por la introspección, en busca de la indivisible unión entre pasado, presente y futuro.

El reto es plasmar en el papel las percepciones que he acumulado en el transcurso de los años. No pretendo que sea una obra autobiográfica, sino un conjunto de reflexiones que deseo compartir contigo como lo haría con un amigo cercano.

A pesar de los constantes ánimos de mis allegados para emprender alguna aventura literaria y de las ofertas recibidas de ciertas editoriales, siempre me había mostrado reacio a dar el paso. Soy consciente del trabajo y de la disciplina que entraña la escritura de un libro, por lo que mi respuesta siempre consistía en dejarlo para más adelante.

Hace mucho que oigo: «Lo mismo que dices en tus audios podrías escribirlo en un libro». Sin embargo, no creo que exista una correlación entre hablar y redactar. Estas dos maneras de expresarse tienen muy poco que ver, salvo su objetivo: el relato de una experiencia personal.

La literatura, la pintura, la escultura, la música e incluso la elaboración de contenidos en audio o en vídeo son todas ellas un medio perfecto de expresión. Estarás de acuerdo en que un músico utilizará su don musical para manifestar sus más íntimas inquietudes, pero es difícil que consiga los mismos resultados a través de, por ejemplo, la escultura. Todo esto podrá parecer obvio, pero es primordial elegir el medio de expresión que mejor se ajuste a nuestras habilidades, sobre todo si lo que se pretende es transmitir vivencias personales, como en este caso. De ahí mis dudas acerca de si la escritura era el medio oportuno para expresar mis ideas.

No me seducía escribir sobre temas históricos de los que, sin duda, ya se han ocupado los especialistas. Por otro lado, era consciente de que, al dar a conocer mis sensaciones y conocimientos a través de audios, me encontraba en un territorio seguro. Quizá sea mi forma de narrar sucesos históricos y de expresar mediante la palabra sensaciones muy concretas lo que me ha granjeado el seguimiento y el cariño de tantísimos oyentes, a los que ya me considero unido por un bonito lazo invisible.

Es cierto que la repercusión de los audios de *Memorias de un tambor* denotaba mi capacidad, desconocida hasta entonces, de captar la atención y el interés de otras personas por medio de mi voz. Pero la literatura era un desafío que no estaba dispuesto a afrontar. Prefería la seguridad que me proporciona el pódcast, con el que tengo la fortuna de trasladar mis inquietudes a los oyentes de manera directa. Optar por otro modo de comunicar era complicarme la vida. Para enfrentarme a la ingente tarea de escribir un libro necesitaba una motivación especial.

Esta relación con los oyentes me ha parecido siempre perfecta. ¿Cómo trasladar entonces estas experiencias a las páginas de un libro? ¿Sería capaz de conseguir lo mismo mediante la escritura? Al final, como puedes comprobar, he dado el paso.

Todo se precipita hace unos meses, cuando recibo la propuesta de la editorial Espasa, que ha tenido la deferencia de animarme a publicar este trabajo. No me preguntes por qué, pero enseguida dije que sí. ¿Qué había cambiado? Sin lugar a dudas, mis circunstancias personales. Por primera vez disponía de tiempo y no me suponía un esfuerzo inasumible sentarme frente a un teclado y sustituir los fonemas por letras.

En medio de la actual avalancha de comunicación audiovisual, pensé que había que darle al libro la importancia que merece. La lectura necesita una atención y un ambiente especiales, distintos a los de un audio o un vídeo. Confío en el desarrollo interior, personal y mental, que nos proporciona la experiencia íntima de la lectura. Además, tendría la posibilidad de conectar con personas a las que, me conocieran o no del pódcast, podría llegar de una manera diferente. Porque, tras años de producción de audios, mi verdadero objetivo es compartir mi experiencia y compartir todo lo que he recibido.

Comprendí que era el momento, y aquí me encuentro construyendo los cimientos de un libro, su introducción, con la ilusión de que conectes con mis ideas más personales.

Ahora viene la segunda parte, mucho más difícil que la decisión de ponerme a escribir: ¿cómo dejar por escrito las impresiones acumuladas durante estos años?

Después de un largo proceso de maduración, no exento de momentos en los que me atenazaban las dudas, pensé que mi aportación más rica sería trasladar a los lectores asuntos relacionados con la historia. Me venían a la mente conceptos como la memoria, la herencia, el legado, el respeto por el pasado, el disfrute del conocimiento o el cuidado del futuro. Desvelar el sentido de todos estos conceptos, tan ambiguos a la par que frecuentes, es uno de los objetivos de esta lectura que ahora comienzas.

Asimismo deseo explicar al lector, quizá también oyente de mi pódcast, cómo se puede construir desde cero, sin conocimientos técnicos ni estudios especializados, una estructura independiente para llegar a miles de personas.

Estas páginas están impregnadas de la necesidad de contar una experiencia, no de enseñar. Contienen el relato de un aprendizaje íntimo que, por supuesto, nunca cesa. Cuanta más información se asimila, más crecen los interrogantes. Cada puerta que se abre nos conduce a otras que nos desvelan nuevos conocimientos, los cuales pueden llegar a ser inabarcables.

Estás emprendiendo una lectura que cuenta el sorprendente desarrollo de una ilusión. Hablaremos de su impacto en las personas y de las conclusiones que he podido extraer tras más de diecisiete años compartiendo mi afición por la historia.

Esta obra desgrana sensaciones y percepciones que muy bien se podrían aplicar a diferentes aspectos de la vida. No con la intención de fijar un camino, sino con la de compartir con el lector una tarea que ha dado sus frutos; la de manifestar la necesidad de seguir trabajando en la misma línea para beneficio de las generaciones venideras. Mi deseo es suscitar tu complicidad y contagiarte el interés por la historia, del que todos deberíamos ser partícipes.

A lo largo de los capítulos trataré de explicar cuáles son, a mi juicio, las claves para empaparnos de la historia de España y rescatar la memoria de quienes vivieron y murieron en la tierra que compartimos. Procuraré transmitir que todo ser humano trasciende su época mediante la herencia histórica que deja a las generaciones siguientes, las cuales han de recibirla como un regalo intangible, maravilloso y digno de respeto.

Me gustaría contarte cómo el convencimiento personal puede convertirse en el combustible de un proyecto. En el caso de la divulgación de la historia de España, tenemos el incentivo de contrarrestar la carencia de información en una sociedad que, paradójicamente, dice ser una «sociedad de la información». Te mostraré las herramientas para que, una vez que hayas concluido la lectura, puedas difundir algunos conceptos importantes en tu ámbito más cercano. Espero que tomes consciencia de las deficiencias inherentes al momento que nos ha tocado vivir, ni mejor ni peor que los que fueron o vendrán, pero que precisa de un análisis y unas respuestas concretas.

En nuestro día a día hacemos gala de absurdas reticencias a conocer nuestro pasado, como si fuera un lastre por su misma naturaleza pretérita. No miramos a la historia cara a cara, y de este modo estamos olvidando y desperdiciando la enorme riqueza personal que podría proporcionarnos el acercamiento a lo sucedido. Es incomprensible que una gran parte de la población esté perdiendo la maravillosa oportunidad de disfrutar de la herencia de quienes nos han precedido. Los tiempos cambian, pero no así las personas ni sus sentimientos; por eso podemos aprender de sus experiencias sin importar la época en la que vivieron.

Más que en los personajes conocidos de la historia de España, nos detendremos en los hechos vividos por las personas comunes de las generaciones pasadas para anudar sus experiencias a nuestras vivencias actuales. La búsqueda y ubicación de nuestras raíces culturales será una parte fundamental de la obra. La lectura estará plagada de conexiones del pasado con el presente; espero que así resulte mucho más dinámica, interesante y actual.

De todos los avatares pretéritos podemos extraer siempre una enseñanza, un aprendizaje íntimo, que nos infunde la especial sensación de formar parte de un todo: pasado, presente y futuro unidos de un modo a veces incomprensible. Esta es la esencia de mis audios, que ahora puedo explicar por escrito de manera más pausada y detallada. La meta de este libro es ayudar a entender cómo se puede conectar con lo sucedido y contribuir a que las generaciones venideras empaticen con nosotros, con nuestra herencia. Tenemos una responsabilidad con el futuro, por eso debemos prepararnos para hacerlo lo mejor posible.

Hablaremos de historia con mensajes simples y discretos. Es un formato sencillo al que no estoy dispuesto a renunciar, porque no creo que sepa narrar de otra forma. Podría haber construido el libro con frases rebuscadas y elaboradas, pero sería una impostura por mi parte. Lo haré según me vaya dictando mi intuición, con mi manera natural de escribir.

Ut video vidi. Sicut me videtis videtis (Como te ves, me vi. Como me ves, te verás): la lectura se abre con esta cita porque son las palabras que una persona de avanzada edad dirige a alguien mucho más joven. Nos habla de la responsabilidad a la que estamos sujetos con las generaciones precedentes, que nos han dejado en herencia sus recorridos vitales y su conocimiento para que los conservemos y respetemos, y también del deber de hacer partícipes de nuestras experiencias a quienes nos sucedan. En suma, esta cita mueve a la reflexión acerca del paso del tiempo, de lo efímero del presente y de nuestro compromiso con la posteridad.

He dividido el libro en cinco partes fundamentales. En la primera doy a conocer mi experiencia personal y los motivos que me han traído hasta aquí. En la segunda me ocupo de los orígenes más profundos y lejanos de los españoles para valorar nuestra existencia actual. En las dos siguientes trato momentos del pasado que nos ayudan a comprender mejor el concepto de «herencia invisible», que constituye el núcleo de la lectura. Aquí recorreremos diferentes acontecimientos de nuestra historia, sobre todo de la más antigua, a los que se remonta nuestra cultura, la que hoy hace que nos reconozcamos como españoles o como hispanos. Es fundamental advertir que este trabajo no se dirige solo a lectores españoles, sino a cualquier persona que tenga vínculos con nuestro país.

Para finalizar, en la quinta parte, a modo de epílogo, sin excluir alguna que otra consideración personal, contaré varias interioridades de *Memorias de un tambor.* Espero que te interese tanto si eres un oyente habitual del pódcast como si desconocías su existencia. Si echas un vistazo al índice, tal vez te parezca que algunos capítulos no encajan del todo, pero te aseguro que el libro sigue una línea lógica. Cuando termines la lectura, te habré contado todo lo que tenía guardado en el tintero, o, mejor dicho, casi todo. Seguro que dentro de un tiempo pensaré que debía haber incluido algún otro episodio o reflexión, pero en principio he recogido lo que considero esencial.

En resumen, con este libro pretendo compartir mi percepción de la historia como una herencia a la que no podemos renunciar. Espero contagiarte mi pasión y transmitirte un mensaje positivo y constructivo, así como dar testimonio de que cualquier objetivo es más o menos alcanzable si creemos en las tareas en las que nos involucramos.

El título de la obra tiene que ver con una de las definiciones de la palabra *herencia* según el *Diccionario de la lengua española*: «Conjunto de bienes, derechos y obligaciones que, al morir alguien, son transmisibles a sus herederos o a sus legatarios». Una herencia que se recibe y se transmite, porque constituye un recorrido de ida y vuelta.

Se hace uso de la palabra *herencia*, en detrimento de *legado*, porque el heredero sucede al testador en la titularidad de los bienes y, matiz importante, también de las deudas. Además, asume los derechos y las obligaciones del testador, que de este modo no desaparecen con su muerte. Permíteme que lo remarque: no heredamos solo los bienes, sino también las deudas, que de igual forma nosotros cederemos a nuestros sucesores.

Sea material o inmaterial, visible o invisible, aceptemos esta herencia y transmitámosla de la manera más natural. Es un lujo y una responsabilidad.

Te invito a que juntos compartamos estas ideas, que me he decidido a plasmar en estas páginas para que no se pierdan para siempre. Aunque intentaré ceñirme a temas relacionados con nuestra historia, seguro que me saltaré esta regla en muchas ocasiones.

En resumen, te presento sentimientos, opiniones y experiencias con los que solo pretendo transmitir mis inquietudes y mi afán por contribuir al conocimiento de la historia.

PRIMERA PARTE

SOMOS CÓMPLICES

Las circunstancias... palabras vacías de sentido con que trata el hombre de descargar en seres ideales la responsabilidad de sus desatinos.

MARIANO JOSÉ DE LARRA, siglo XIX

LIMPIAR EL RÍO

Antes de comenzar, considero necesario compartir contigo unas pinceladas personales de quien te va a acompañar durante la lectura. Aunque será un relato de mis experiencias relacionadas con la divulgación de la historia, no quisiera caer en el personalismo. Solo voy a intentar que entiendas mis circunstancias, lo que facilitará que establezcamos lazos entre nosotros. Mediante la narración en primera y en segunda persona, mi intención es dirigirme al lector como si lo tuviera delante, crear un clima de confianza que favorezca una lectura distendida pero profunda. Además, es la forma de hablar y, ahora, de escribir con la que me siento más cómodo.

Mi deseo es hacerte partícipe de un proyecto común que empezó hace muchos siglos. Si no somos capaces de involucrarnos en la preservación y divulgación de nuestra historia, seremos cómplices, en el peor sentido de la palabra, de su abandono.

Por otro lado, si cada uno aporta lo que lleva dentro con el fin de respetar la herencia recibida y difundirla entre las generaciones venideras, formaremos un grupo animoso. Y la complicidad entre nosotros, en este caso constructiva, hará que la tarea sea mucho más eficiente.

Con respecto a la divulgación de la historia, de las dos acepciones de la palabra *complicidad* debemos elegir entre la «responsabilidad» y la «inacción».

Escojamos una u otra, para bien o para mal, seremos cómplices. Es muy importante remarcar que la complicidad positiva se elige: supone tomar la decisión de arrimar el hombro en aras de la preservación de nuestra historia. Adoptar una complicidad pasiva o negativa es mucho más sencillo: basta no hacer nada. Ahora comprenderás por qué he titulado «Somos cómplices» esta primera parte del libro.

Una característica personal que me define es la comodidad que siento tomando mis propias decisiones cuando intuyo que el camino elegido es el correcto. Ya sabemos que lo correcto es siempre subjetivo, de modo que la elección puede ser equivocada; lo que quiero decir es que este libro es fruto de una resuelta intención de mejorar. Compartas o no mi experiencia personal, la entiendas o no, si cuando cierres el libro te identificas con mis planteamientos, me sentiré recompensado por tantas horas de escritura. Identificarse con alguien no tiene por qué significar estar de acuerdo, sino haber establecido un vínculo imperceptible con quien, desde el otro lado, intenta enviarnos un mensaje.

Antes de continuar es imprescindible echar la vista atrás y recordar cómo comencé la aventura de divulgar nuestro pasado.

Hace muchos años tomé consciencia de la necesidad de recuperar nuestra historia y emprendí varias iniciativas: una modesta editorial sobre asuntos históricos, colaboraciones en radio y la organización de excursiones temáticas. En fin, dondequiera que pudiese contribuir a mejorar las cosas, me presentaba sin pensarlo dos veces con la ilusión de aportar mi grano de arena. A veces me topaba con la incomprensión de mi entorno, que veía en estas iniciativas un tinte romántico o naíf. Muchos pensaban que sería un pasatiempo fugaz o que me movía un anhelo de reafirmación personal. La auténtica motivación de aquella actividad, sin embargo, era la firme decisión de ofrecer soluciones y prestar ayuda desde mis modestas posibilidades.

Cuando me preguntan por qué me dedico a la divulgación de esta forma tan peculiar y, sobre todo, desinteresada, siempre respondo que porque alguien tiene que hacerlo. A menudo me he enfrentado al temido comentario: «Pero… algo sacarás de todo esto». A lo que nunca sé muy bien qué responder. Imagino que mi interlocutor percibirá en mí una mueca de desencanto.

Me ha costado mucho tiempo entender que hay tantas percepciones como personas, al igual que no existen dos espigas de trigo idénticas. Por eso asumo que algunos no comprenderán que trabaje y dedique mi tiempo a una causa de manera desinteresada.

Volviendo a las motivaciones, si rebusco en lo más íntimo de mi consciencia, los estímulos son, en cierto modo, egoístas. Cuando percibes que algo no funciona a tu alrededor y detectas los aspectos que se pueden mejorar, lo que te hace reaccionar es la idea de dejar un mundo más perfecto para tus hijos. El deseo de progreso ya no se orienta a uno mismo, sino a los que vienen detrás. Es una especie de egoísmo trasladado a tu descendencia. Por tanto, mi motivación es tan vieja como el hombre: buscar la trascendencia proyectándola en las siguientes generaciones. Ese es el incentivo que me llevó a embarcarme en una empresa tan personal y a la vez tan entroncada con España, la comunidad en la que he nacido y me he desarrollado.

Nos podemos pasar años protestando por esto y por aquello, manteniendo conversaciones de cafetería para arreglar el mundo, haciendo comentarios entre dientes ante una mala noticia en la televisión o esbozando un gesto de desaprobación al escuchar en el coche una tertulia radiofónica mientras un atasco consume nuestro escaso tiempo libre. Y si el asunto llega a indignarnos, hasta podemos enviar un correo electrónico de protesta, hacer un comentario en un foro o desahogar nuestra frustración en alguna red social. Peculiares redes sociales, por cierto: espacios de libertad y a la vez nidos de un anonimato mal empleado, a las que muy bien podríamos dedicar un libro completo.

Al final, la única aportación real y efectiva para intentar cambiar las cosas se plasma en un voto cada cuatro años. Pero ¿qué se puede hacer hasta entonces?, ¿cómo contribuir, de manera continua y tangible, a mejorar la situación? Pues implicándonos y regalando a los demás nuestro tiempo, el bien más preciado.

Yo lo que hice fue abrir mi maleta y mostrar el equipaje a quien estuviera interesado. Tras esta decisión, la duda que me asaltó fue qué hacer para optimizar mi tarea. No debía caer en el error de imponerme objetivos demasiado ambiciosos, porque podía resultar inútil o, peor aún, frustrante. En contra de lo que hoy se pregona ingenuamente, querer no es poder. Es fundamental la voluntad, pero creo que antes de ir en pos de un objetivo deberíamos hacer una autoevaluación profunda y sincera.

Lo primero que me planteé fue averiguar cuáles son mis cualidades. Una de las claves de la vida es detectar nuestras aptitudes y ponerlas al servicio de los demás. Entre las mías, pensé, estaban la comunicación y la creatividad para exponer ideas de forma sencilla y natural. Por desgracia, formo parte de ese gran porcentaje de personas no elegidas que no han encontrado incentivos en su actividad laboral. En mi bisoñez, una falsa vocación me empujó, por plegarme a ciertas influencias, a ejercer una profesión que para mí terminó siendo frustrante y limitadora. Una actividad que me ha permitido vivir dignamente, pero que me ha hecho estar siempre alerta para dar el salto a la menor ocasión. Esta posibilidad se me presentó hace unos años, como contaré a continuación, y se ha vuelto a dar, aquí y ahora, con la escritura de este libro. La maravillosa segunda oportunidad, de cuya búsqueda nunca hemos de desistir y para la que siempre debemos estar preparados, aprovechando la experiencia acumulada.

Haciendo un paralelismo con los personajes de ficción, creo que todos tenemos un «superpoder». Reconocerlo, cultivarlo y utilizarlo depende de nuestro grado de conocimiento sobre nosotros mismos. Cuanto más pronto alcancemos ese discernimiento, antes creceremos como individuos y seremos valiosos para quienes nos acompañan.

Mi intención era divulgar la historia, pero carecía de la titulación oficial correspondiente, a pesar de haberme matriculado varias veces en la carrera. Es lo que sucede cuando se va contra reloj. Lo intenté por última vez cuando ya contaba una edad que demandaba otras actividades. Entonces decidí abandonar los estudios oficiales para dedicarme a mi objetivo.

Soy muy consciente de que la enseñanza reglada supera con creces los conocimientos adquiridos mediante el simple desarrollo de una afición. Ser autodidacta está muy bien, es encomiable, pero uno echa de menos una estructura, un orden. A pesar de ello, resolví abandonar los estudios y disfrutar de la divulgación a mi manera. Mientras tanto, los meses transcurrían sin que tuviera nada claro hacia dónde dirigir mi esfuerzo y mi tiempo.

En aquel momento gozaba de un bagaje fundamental: la enorme afición por la historia y unos conocimientos muy asentados. Por experiencia, puedo decir que hay una regla de oro a la hora de comunicar: se transmite mejor aquello que se vive con pasión. Es lo que a mí me sucede con la historia. Así que, una vez analizadas mis aptitudes, me enfrentaba a la segunda fase del proceso: fijar un objetivo y elegir los medios para alcanzarlo.

El objetivo era llegar a la mayor cantidad posible de personas. Y en cuanto a los medios personales y materiales de los que disponía, ya los conoces: ilusión y algo de tiempo. A ello debo añadir el continuo apoyo de mi mujer, sin el que nada de esto hubiera podido suceder.

Así, en el 2005 fundé una modesta editorial sobre temas históricos, que manejaba como un auténtico hombre orquesta. Un proyecto que no habría sido posible sin la ayuda de mi padre, que, muy al hilo de este libro, allá donde se encuentre, continúa siendo para mí un ejemplo mediante su invisible herencia.

Un proyecto editorial autofinanciado en el que yo mismo me encargaba de todas las necesidades de la empresa: desde el diseño gráfico, pasando por la contabilidad y la gestión de la página web, hasta la distribución. Nunca olvidaré la felicidad que me embargó al ver los primeros libros en la puerta de la imprenta, preparados para el transporte: una vieja ilusión hecha realidad en forma de montañas de papel y cartón sobre palés, listas para ser enviadas al público. Tengo grabado en la memoria el aroma a plástico, cartón y tinta. Aquella actividad colmó mis expectativas, aunque reconozco que apenas generó beneficios para cubrir los gastos. Pero... ¿y qué?

La editorial me brindó la oportunidad de conocer a muchísimas personas del ámbito de la cultura: libreros, editores, escritores y comunicadores, que me descubrieron parcelas que nunca habría imaginado que existieran. Por el contrario, me sorprendieron negativamente algunos personajes populares, no importan ahora los nombres. A mi entender, no encauzaban su gran capacidad hacia los objetivos que yo consideraba fundamentales, sino que se perdían en busca de resultados inmediatos, siempre con esa pátina de vanidad que acaba conduciendo al fracaso o a éxitos efímeros. Se derrumbaron ante mí varios mitos personales, pero mi decepción se vio compensada con creces por las personas excepcionales que tuve ocasión de conocer y que me proporcionaron una enorme experiencia y ejercieron de guía para mi tarea.

Poco a poco, toqué a puertas que ni siquiera había soñado, y no solo se abrieron, sino que pude cruzarlas. Sin esperarlo, aquel frágil proyecto editorial, me brindó una llave para traspasar umbrales hasta entonces inaccesibles. Me aproximé a personas preparadas y con un gran bagaje, lo que me hacía tomar consciencia del largo camino que me quedaba por recorrer: «Solo sé que no sé nada». Estaba conectando con un mundo enriquecedor que hacía apenas un par de años me parecía inalcanzable. Recibí como un regalo que mis expectativas se fueran cumpliendo.

Contacté con una de esas personas y viajé hasta Jaén para documentarme acerca de mi próxima obra, que iba a tratar sobre la batalla de Las Navas de Tolosa. Dado el número de conocidos que querían acompañarme, opté por alquilar un microbús. La cantidad de interesados iba en aumento, así que finalmente contraté un autocar y, como quedaban algunas plazas, un amigo me ofreció la posibilidad de anunciar el viaje en un programa de radio. Se difundió el aviso y, para mi sorpresa, llenamos tres autocares. No podía dar crédito: más de ciento cincuenta personas se habían apuntado a un viaje sin más datos que un simple reclamo en la radio, con el número de mi teléfono móvil por única referencia. Aquella situación evidenciaba algo que yo ya intuía: una inquietud por saber y, por otro lado, una escasa oferta cultural.

Tras la inolvidable visita a Las Navas de Tolosa, no quise desperdiciar aquel caudal humano y organicé un grupo para nuevos viajes. El propósito era formar desinteresadamente una gran familia de amigos. Esta actividad me llevó a recorrer miles de kilómetros durante varios años. Siempre que podía, montaba una salida, me documentaba y nos lanzábamos a la carretera para disfrutar de nuestro pasado. Debo recalcar que descubrí personas maravillosas que pronto engrosaron ese puñado de amigos de verdad que tanto cuesta encontrar en la vida.

Aquel primer grupo de viajes se denominó «Pascual Vivas», y aprovecho para saludar con cariño a cualquier miembro que pueda estar leyendo estas líneas.

La actividad llegó a su fin, pero resurgió años más tarde cuando me animé a retomarla con los oyentes del pódcast *Memorias de un tambor*. Las excursiones se detuvieron con motivo de la pandemia que estalló en el 2020, aunque tengo la ilusión de volver a organizarlas algún día. Es otra experiencia fantástica que daría para varias páginas; sin embargo, de lo que ahora se trata es de dejar una breve reseña para que comprendas los orígenes de mi actividad y me vayas conociendo.

Como se puede comprobar, por aquel entonces todos mis movimientos estaban encaminados a compartir mi afición. Lo más importante era invitar a los participantes en el proyecto a que difundieran en su entorno lo que habían aprendido y experimentado. Fue un logro llegar a centenares de personas con las publicaciones y los viajes. Me enorgullecía ver cómo estaba consiguiendo aportar algo a la comunidad.

Además, alternaba las publicaciones y los viajes con colaboraciones en radio, conferencias y artículos en internet y en revistas especializadas. Recuerdo con mucho cariño mis primeras intervenciones en un programa de radio que se emitía a última hora de la tarde. Para un oyente empedernido como lo soy yo desde la adolescencia, imponía bastante ver cómo se iluminaba la luz roja del estudio antes de comenzar a hablar en un programa en directo con una notable difusión. En definitiva, cada paso que daba me iba enriqueciendo y me infundía seguridad y determinación.

Para terminar este breve acercamiento a mis comienzos antes de centrarnos en los hechos que desembocarán en el pódcast *Memorias de un tambor* y, por ende, en este libro, no puedo dejar en el olvido la cena que organizamos un grupo de amigos para recuperar la figura de Blas de Lezo. Un irrepetible marino español del siglo XVIII conocido hoy por buena parte de los aficionados a la historia, pero del que por entonces apenas existían breves reseñas en alguna que otra obra especializada. Aquel evento, al que acudieron más de doscientas personas de relevancia, tanto en los medios de comunicación como en los ámbitos político y cultural, arrojó luz sobre Blas de Lezo y desencadenó una fiebre por el personaje. Aquella noche, la cantidad y calidad de los asistentes, entre los que se contaban descendientes del marino, superó con creces las expectativas de los organizadores.

Al compartir contigo estas líneas, me pregunto cómo pude atreverme a llevar a cabo todas estas iniciativas que estoy recordando. Y seguro que algo queda en el tintero, pero es momento de ir cerrando este apartado.

Para hacer efectivas todas estas actividades, son imprescindibles unas dosis de espíritu temerario. Tenía las mejores sensaciones y, además, me divertía. Nunca me supusieron un esfuerzo, y además estaba logrando mi objetivo: sumar, aportar y cooperar con tareas reales. Había conseguido desembarazarme de la frustración de protestar ante un espejo, como si agarráramos una piedra y la lanzáramos contra la Luna porque estamos enojados con ella. Por supuesto, en aquellos momentos no tenía ni la más ligera intuición de lo que me depararía el futuro.

Estaba aprovechando la esperada segunda oportunidad que, firmemente, había decidido concederme a mí mismo. Y, sin saberlo, me estaba convirtiendo en un activista de la difusión de la cultura y, en particular, de la historia de España. Mi sueño se estaba haciendo realidad.

Hace un tiempo leí una frase que se me ha quedado grabada: «El activista no es el hombre que dice que el río está sucio. El activista es el hombre que limpia el río». En ese instante de mi vida, casi sin medios pero con perseverancia y convicción, había comenzado a limpiar el río.

Guardar el cañón

Comenzaban a llegar las recompensas morales, aunque no las económicas. El trabajo en la editorial, las intervenciones radiofónicas, los viajes, los eventos y las conferencias, en las que con suerte llegaba a reunir cuarenta asistentes, me bastaban. Derrochaba ilusión y esfuerzo, y tenía un público que me parecía relevante. Nunca dejé de ser consciente de que era un don nadie en el mundo de la divulgación, por eso consideraba que la trascendencia de mi modesto trabajo era más que suficiente.

Un cambio radical se iba a producir una noche de diciembre del 2011. Al término de una cena navideña con los miembros del grupo de viajes, Goyo, por entonces un joven amigo, me comentó la posibilidad de participar en unas charlas de temas históricos que se emitirían por internet, en formato pódcast. *Pod*... ¿qué? No obstante, sin dudarlo un segundo, le dije: «Por supuesto, cuando quieras». Yo estaba dispuesto a hablar de historia hasta en Radio Taxi.

Allá por febrero del 2012 concretamos una fecha para grabar una charla sobre el tema histórico propuesto, a distancia, cada uno en su domicilio, ya no recuerdo con qué medios. Con un viejo micrófono comencé a intervenir en la conversación. El programa se llamaba, y se llama, *Histocast*. Después de la grabación, Goyo me comentó que lo colgaría en internet. A los pocos días, me avisa de que ya está disponible y me envía un enlace para escucharlo. Cliqué en el enlace, y allí estaba el audio con su reproductor, todo en apariencia muy sencillo.

Pero el asombro me sobrevino cuando comencé a interpretar las estadísticas de las escuchas. Aquello no me parecía posible. Recuerdo el dato de la audiencia tras el primer día: más de ¡ochocientas descargas! ¿Cuánto tenía que trabajar en mi editorial para llegar a tanta gente? ¿Cuántos viajes debía hacer para llevar y traer a ochocientas personas? ¿Cuántas charlas tenía que impartir para reunir a semejante número de asistentes?

Aquella cifra se me grabó en la mente: ochocientas personas en una sola jornada. Con enorme curiosidad y, lo confieso, algo de vértigo, los días posteriores no dejé de revisar los datos de la audiencia. En una semana, el audio había sido descargado o escuchado por casi siete mil oyentes.

Había descubierto, por fin, la herramienta y el medio oportuno, tras años de búsqueda. Estaba ante la solución al reto de divulgar asuntos históricos a gran escala; era la panacea para mis inquietudes. A pesar de las mareantes cifras, no podía imaginar que muy pronto, cuando comenzase a desarrollar aquella herramienta, el pódcast, los números se iban a multiplicar hasta niveles mágicos.

Las colaboraciones como invitado en el programa de mi amigo se sucedieron durante largo tiempo, hasta que tomé la difícil decisión de abrirme camino en solitario. *Histocast* trataba sobre todo de geoestrategia e historia universal. Dado que éramos unos aficionados y carecíamos de tiempo, la historia de España solo se abordaba muy esporádicamente, pese a que, a mi juicio, era un tema cuyo potencial necesitaba un espacio propio. Habíamos descubierto un filón y estábamos empezando a excavar cuando, de repente, apareció otro. Tenía la oportunidad de abrir esa nueva veta, por la que había trabajado resueltamente y que me proporcionaba la mayor de las satisfacciones: la historia de España.

Tomar la decisión de crear mi propio espacio, un pódcast independiente, no fue fácil, porque implicaba abandonar un proyecto compartido con un buen amigo. Sin embargo, emprendí la aventura con la confianza de que, centrándome en España, transmitiría mi mensaje a un público mucho más numeroso. Por otro lado, podría ofrecer un enfoque personal y dejar mi sello en los audios. Afortunadamente, conté con la ayuda de Goyo, lo que me facilitó iniciarme en un medio que desconocía.

No puedo dejar de nombrar en estas líneas, no solo a Goyo, sino también al resto de miembros del equipo de *Histocast*, con los que sigo manteniendo la amistad. Muchos de ellos incluso han participado en mis audios como invitados. Todo un lujo haber compartido, y seguir haciéndolo, la misma idea sobre el tratamiento que merece la historia.

Tras esta, llamémosle, emancipación, comencé los preparativos para crear el programa en el que publicaría mis propios contenidos de audio. En primer lugar, se imponía buscar un nombre. Durante mis vacaciones estivales del 2012, le di vueltas y más vueltas. Barajé incluir la palabra *campana* por ser un elemento de comunicación antiguo y evocador. Pero no daba con ningún nombre atractivo que pudiera asociar a una campana.

En mi lista de viejos objetos con capacidad de comunicación también figuraba el *tambor*, cuyos redobles se utilizaron durante siglos como medio de comunicación sonora. Me pareció un instrumento estrechamente relacionado con mi propósito. Entonces quise dotarlo de alguna característica humana y me vino a la mente la *memoria*, un concepto con el que siempre me he sentido identificado. Ya casi tenía, por fin, el nombre de la criatura.

Mi programa de audios, mi pódcast, sería la personalización de un tambor con la capacidad de recordar que contaría sus vivencias acerca de la historia de España. Me imaginaba un tambor, tocado en los navíos que surcaron el Atlántico y el Pacífico, en los campos de batalla de Flandes o en la ceremonia de coronación de Alfonso VI, que, como por arte de magia, comenzaría a relatar todo aquello de lo que había sido testigo. Ya tenía el título: *Memorias de un tambor*. Tras inscribirlo como marca, hice lo propio con el correspondiente dominio de internet. Solo faltaba ponerme a preparar y grabar los audios.

La audiencia de la primera publicación fue un gran estímulo. No me lo podía creer: estaba llegando a miles de personas con un esfuerzo muy inferior al que había empleado en mis primeras actividades, que fui abandonando sin ningún pesar. Atrás quedaban mis afanes editoriales, mis viajes y actos públicos. Había descubierto un medio de transmisión muy poderoso que estaba empezando a dominar.

Han transcurrido ya nueve años del primer audio de *Memorias de un tambor*. Las abrumadoras estadísticas hablan por sí solas. A día de hoy, cada audio tiene una media de 200 000 descargas «únicas», y los más escuchados acumulan 500 000. Como se puede comprobar, son cifras muy alejadas de aquellas cuarenta personas que lograba reunir en mis conferencias tras el mayor de los esfuerzos. Debo confesar que he releído el párrafo y me sigue pareciendo que todo lo que he vivido durante este tiempo no es más que un bonito sueño.

En el 2014, al poco de comenzar mi actividad en *Memorias de un tambor*, el programa fue merecedor de dos galardones importantes: el Premio Bitácoras y el Premio Asociación de Escuchas de Podcasting. Aunque tomé la determinación de no presentarme a nuevos concursos, aquellos reconocimientos fueron un acicate y dieron un impulso definitivo a mi trabajo. Fue muy emocionante, pues apenas había comenzado y ya era recompensado por mi tarea.

Hago un breve y justo paréntesis para agradecer a quienes han colaborado en los audios que compartieran su tiempo y sus conocimientos con los oyentes. Aunque hace tiempo que no tengo invitados en el programa, sus intervenciones desinteresadas enriquecieron los contenidos y me ayudaron mucho en los comienzos.

Tampoco puede quedar en el anonimato el principal responsable de que me haya puesto a escribir: Daniel Pinilla. Un magnífico escritor, y mejor amigo, que hace mucho me animó a que contara lo que llevo dentro. Sin su consejo, no estaría hoy presionando las teclas. Aunque este proyecto ha tardado en hacerse realidad, fue por él por quien comencé a construir en mi mente el armazón de este libro. Lo hice a modo de entretenimiento, pues reconozco que nunca pensé que llegaría a publicarse.

Por último, un especial y emotivo recuerdo (espero que lo reciba allá donde se encuentre) para mi amigo Ignacio Núñez. Sus melodías sonaron desde el primer episodio de *Memorias de un tambor* y fueron vitales en los inicios. Ignacio contribuyó con su extraordinaria música a la ambientación de una buena parte de los audios. Una gran persona, con una sensibilidad portentosa, que se marchó demasiado joven. A pesar de ello, nos ha dejado su música como herencia: cada vez que suenan sus temas, sentimos que sigue con nosotros. Me es imposible no echarle de menos cuando comienzo a grabar un programa. Descansa en paz, Ignacio.

Antes de conocer la experiencia comunicativa del pódcast, había realizado un enorme trabajo a costa de grandes sacrificios. Los resultados eran aceptables, pero tenía un público muy reducido. Con los audios, estaba multiplicando los resultados por diez mil. Hasta entonces, había estado matando moscas a cañonazos; era la hora de guardar el cañón.

El espejo roto

Es fundamental que el divulgador conozca y analice la disposición y el entorno del destinatario de su mensaje. Quisiera compartir la experiencia que me han proporcionado la publicación de cientos de horas de programas y la respuesta de los oyentes. En función del perfil de sus seguidores, el comunicador debe intentar adecuar el continente y el contenido de su trabajo para transmitirlo de la forma más nítida posible.

Un análisis somero de nuestro entorno social nos lleva a concluir que la historia de España no goza de lo que podríamos llamar «popularidad». En primer lugar, por motivos político-sociales, nuestra historia ha sido blanco de manipulaciones y tergiversaciones para ajustarla a diferentes causas ideológicas. Muchos hechos históricos se han adulterado hasta la caricatura. A menudo nos encontramos con historiadores conservadores o progresistas, nacionalistas, revisionistas y un sinfín de «-istas». También vemos que a muchos escritores solo los mueve la venta de ejemplares, al albur de las modas o de las corrientes ideológicas. Autores ideologizados y escritores ocasionales de novela histórica han pasado por encima de los verdaderos transmisores del conocimiento, relegados a un segundo plano. Como es obvio, no se puede generalizar, pues hay muchos y honrosos ejemplos de divulgadores independientes con solvencia profesional, aunque por desgracia no sean mayoría.

Por supuesto, no querría dejar pasar la oportunidad de denunciar el injusto olvido al que se ven sometidos los auténticos proveedores de datos y descubridores de las fuentes: los investigadores. Sería imperdonable no reconocer explícitamente su labor, sin la cual ningún divulgador podría desarrollar su tarea. Estas personas, que se sumergen en los archivos durante períodos interminables, son las que buscan, encuentran e interpretan los documentos históricos, para que después otros recojan los frutos al transformar todos esos datos en información fácil de digerir para el gran público.

No podemos obviar que la sociedad española percibe su propia historia como un asunto sujeto a interpretaciones. Para un lector medio que busque información sobre su pasado, es muy difícil dar con un autor de confianza, que no haya desarrollado su obra bajo sesgos, intereses o presiones de algún tipo. Yo mismo recibo multitud de correos electrónicos de seguidores del programa que me piden que les recomiende autores fiables, investigadores que traten la historia de forma natural, sin caer en interpretaciones personales. Por desgracia, es una carencia real. Cada vez que preparo un audio, es un verdadero quebradero de cabeza encontrar ensayos limpios de opinión e interpretación.

Sin embargo, este problema me ha llevado a descubrir una fuente de información que utilizo muy a menudo en mis audios: las tesis doctorales y los trabajos de fin de grado o de carrera. He dado con verdaderas joyas, elaboradas con rigurosidad y mucho cariño, en las que lo primero que salta a la vista es la falta de contaminación. Claro está que no son mi única fuente, pero constituyen un refugio cuando no encuentro fidelidad y transparencia en las publicaciones disponibles en las librerías.

Otra experiencia personal que pone de manifiesto el ambiente rebosante de ideología que vivimos son los comentarios que suscita la bibliografía empleada en los audios. Pronto decliné proporcionar estos datos pese a las peticiones de los oyentes, y no solo por la gran variedad de fuentes que utilizo, sino fundamentalmente por la clasificación automática que se hace de los autores en función de sus ideas. Si reconociera inspirarme en tal o cual escritor o investigador, sé que enseguida se pondrían en tela de juicio los contenidos del programa. Confío en que tú no etiquetarás y desecharás a un autor riguroso y solvente por sus ideas, pero te aseguro que son muchas las personas que sí lo hacen. Esa, al menos, es mi experiencia, por eso evito revelar mis fuentes. Es una de las ventajas, o libertades, de llevar a cabo un trabajo divulgativo desde una plataforma no profesional.

Aun así, soy optimista al comprobar que cada vez más personas son exigentes a la hora de comprar un libro, escuchar un pódcast, ver un informativo o sintonizar una emisora. Es necesario que los autores sean rigurosos y solventes, pero todavía más que los ciudadanos demanden información no tergiversada.

Por otro lado, la sociedad española lleva años sufriendo la dispersión cultural de las burbujas autonómicas, la asunción de las inauditas «comunidades históricas» y el desarrollo de una pseudohistoria. Estos relatos del pasado, creados a la medida de cada región, han llegado hasta las aulas con una normalidad pasmosa. Y ya sabemos que los niños son como esponjas y asimilarán cuanto les cuenten sus educadores.

España es un país moderno, a la vanguardia en multitud de aspectos, pero no podemos cerrar los ojos ante la profunda crisis educativa en la que estamos inmersos, que arrastra a gran parte de la población al borde de la ignorancia. Los más jóvenes reciben el mensaje de que las humanidades y, por ende, la historia son prescindibles, lo que supone un problema de primera magnitud. El desdén actual por las «letras» nos aboca a una educación basada tan solo en lo práctico y en la consecución de resultados rápidos. Es habitual oír a cualquier joven preguntar para qué sirve la historia. Párrafo a párrafo, durante el desarrollo de la lectura, intentaremos neutralizar el desprecio del que es objeto el análisis del pasado, porque la historia no solo son datos y fechas, sino una herramienta personal de valor incalculable.

A estas alturas quizá te preguntes qué tiene que ver todo esto con un pódcast de historia. La respuesta es sencilla. Los buenos resultados de *Memorias de un tambor* son proporcionales a las carencias de información sobre historia que sufre la sociedad española. Una sociedad desinformada desde la escuela pero que, por fortuna, no está adormecida y reclama revertir esta situación, que solo pide calidad en los contenidos para su crecimiento personal. De ahí la excelente acogida de un medio independiente elaborado sin segundas intenciones. No puedo presumir de la calidad de los audios, pues esa evaluación corresponde a los oyentes, pero sí garantizo el esfuerzo por transmitir información veraz, el mismo que espero comunicar en estas páginas.

Hace tiempo, un amigo, que imagino que estará leyendo el libro, me contó una anécdota reveladora. Sucedió años atrás, mientras se estaba emitiendo la exitosa serie de televisión *Isabel*, que narra con detalle la vida de Isabel la Católica. Mi amigo estaba viajando en el metro de Madrid y a su lado tenía a dos jóvenes de unos veinte años que se pusieron a conversar:

—¿Viste ayer el capítulo de *Isabel*?
—Sí, claro. Está emocionante.
—¿Tú crees que Isabel llegará a reinar?
—No. Yo creo que no.

La anécdota, aparentemente inofensiva, denota la situación desastrosa de la enseñanza de la historia en España. Que dos jóvenes del siglo XXI confundan a una reina como Isabel I de Castilla con un personaje de ficción es una muestra del terreno que estamos pisando. Tenemos la obligación de movilizarnos para remediar esta carencia formativa.

La ausencia del hábito de lectura, resultado de un sistema educativo muy cuestionable, es otra calamidad. Según un estudio del 2018 de la Federación de Gremios de Editores de España, solo un 49,3 % de nuestros conciudadanos declara leer con frecuencia y un 12,5 % ocasionalmente, mientras que el 38,2 % no lo hace nunca o casi nunca.

Se podrían seguir añadiendo datos para confeccionar el mapa sociocultural actual, pero creo que ya es suficiente. Solo pretendía mostrar algunos ejemplos que definen el entorno en el que nos movemos a la hora de divulgar la historia y su herencia.

Al contrario que el futuro, el pasado, por su propia naturaleza, debería estar lleno de certezas, como un espejo limpio y pulido en el que mirarnos sin dudar de la imagen reflejada. Sin embargo, hoy ese espejo está roto y sus grietas y vacíos deforman la realidad o la ocultan. Debemos restaurarlo y, lo que es más importante, protegerlo de posibles daños. Es imprescindible enseñar a cuidarlo a sus futuros dueños, para que se puedan mirar en él y reciban una imagen real y fiel de sí mismos.

Las gafas de la época

Una de las ideas fundamentales que te deparará la lectura de estas páginas es la de la diferente apreciación de los hechos en función de si se analizan en su contexto histórico o fuera de él. Esta distinción es clave para asimilar las enseñanzas que nos brinda el pasado. Nos encontraremos con que algunos acontecimientos admitirán una adaptación sencilla y lógica al presente, mientras que otros en absoluto superarán un análisis moral según las reglas imperantes en nuestra sociedad.

Antes de sacar conclusiones prematuras, debemos pararnos a pensar qué situaciones del pasado son asumibles y cuáles no, y por qué. Difícil cuestión, con muy diferentes respuestas dependiendo de nuestra visión del mundo y nuestra formación cultural.

Para comenzar, la sociedad en la que vivimos se considera a sí misma perfecta ante la historia. Contempla cualquier acto pasado desde su atalaya de superioridad y, si no casa con sus baremos culturales, lo tacha sin vacilar de anacrónico y absurdo, cuando no de bárbaro. Arriesgada posición, bajo mi punto de vista, pues presupone que la sociedad actual, más avanzada tecnológicamente, lo es también en lo que a la cultura y la moral se refiere.

Otra posición con respecto a la historia es la que analiza los acontecimientos dentro del lógico proceso evolutivo. Los asume, en cierta forma, como un impuesto que se ha tenido que pagar para perfeccionar el mundo. Se debería justificar cualquier hecho anterior como parte irrenunciable del avance de la humanidad.

Nos encontramos ante una difícil encrucijada en la que, sin embargo, no tenemos por qué tomar un solo camino. No en vano, nos movemos en terrenos pantanosos y, a menudo, contradictorios.

¿Se debe juzgar y repudiar el esclavismo? Todos coincidiremos en que sí. ¿Hay que rechazar las aportaciones de la Grecia clásica por sus interpretaciones erróneas? Claramente, no. La variedad de grises debería hacernos reflexionar. Es algo que me sucede a menudo cuando preparo los audios. No soy capaz de discernir el pasado bueno del pasado malo. Principalmente porque, para un griego clásico y para un comerciante de esclavos, muchos de los parámetros que rigen nuestra sociedad actual serían también abominables. Por ejemplo, el consumo desbocado de materias primas, que, aun a sabiendas de que está esquilmando el planeta, parece importarnos muy poco. ¿Verían admisible estos hombres y mujeres del pasado que, en nuestro mundo avanzado, una mitad de la población luche por alimentarse mientras la otra lo hace por cambiar de teléfono móvil? Se me ocurren muchos otros casos en los que nuestra «súper sociedad» del siglo XXI hace aguas por todas partes.

Entonces, ¿hasta qué punto podemos erigirnos en sabios jueces de la historia? Me gustaría dejar este interrogante abierto. Creo que no es bueno responder en caliente. Yo no he encontrado una solución clara a este problema, pero lo pongo sobre la mesa cada vez que analizo el pasado. Me parece saludable renunciar a los argumentos extremos, sean de uno o de otro lado, para dar con una respuesta lo más cercana posible a la razón.

Pero hay algo que me causa especial alarma, y es el juicio sumarísimo al que se somete a personajes y sucesos del pasado. Un veredicto guiado por el oportunismo que, en la mayoría de las ocasiones, tiene un origen político. Aprovechándose de la ignorancia de la gente, algunos utilizan sin sonrojo la demagogia para distorsionar la realidad y, por descontado, la historia en busca de réditos personales o políticos. Deplorables amaños y enredos perpetrados cada día por quienes anhelan el apoyo multitudinario. Actualmente, el nacionalismo y el populismo son un claro ejemplo de cómo influir en las masas mediante la tergiversación e instrumentalización de la historia.

Aunque lo considero una utopía, esta grave violación de los derechos individuales y colectivos debería juzgarse con severidad, o al menos considerarse un mal causado a las personas en forma de privación de su derecho a saber y a pensar por sí mismas. El reconocimiento de estas malas prácticas como una herencia contaminada sería una valiosa enseñanza para los ciudadanos del futuro. Los nacionalismos españoles de los siglos XX y XXI serían un ejemplo de manipulación de masas, y los discursos de algunos dirigentes hispanoamericanos de la misma época, un ejemplo de esclavismo intelectual.

Existen muchas pruebas gráficas de las consecuencias de la demagogia y el populismo, como el derribo de estatuas y monumentos que conmemoran la presencia española en América. Es un tema que nos afecta de lleno, aunque no debería ser así. Bajo ningún concepto tendríamos que sentirnos aludidos como españoles. No es una repulsa de España o de los descubridores que viajaron al Nuevo Mundo, sino un ataque a la más pura esencia del ser humano. Los españoles deberíamos sentirnos agredidos más bien como seres humanos. Atacar un trozo de granito o de bronce, pretendiendo así depurar la historia con la que no se está conforme, es un claro acto de autolesión mental, además de una reacción absolutamente ridícula. Si analizamos los motivos que pueden mover a alguien a derribar una estatua, probablemente nos encontremos con una soflama reciente de algún dictadorzuelo. Su discurso será el colofón a un sistema educativo programado para empobrecer al individuo como tal.

Tras el derribo de estatuas podemos esperar el de las catedrales, o la quema de libros o el rechazo de un idioma, con el propósito de renunciar a todo lo que represente una cultura que, por mera casualidad, desembarcó en un continente desconocido. Pocos tienen en cuenta que, mágicamente, aquellos pueblos avanzaron en el tiempo varios miles de años, desde el Neolítico hasta el Renacimiento. ¿Te imaginas que el Gobierno español exigiera el agradecimiento de los Estados americanos por este regalo evolutivo? ¿Qué sucedería si pidiéramos indemnizaciones al Ayuntamiento de Roma por su invasión de los territorios celtíberos? Sería tan ridículo como exigir hoy responsabilidades a España por unos supuestos «genocidios» o «robos» de oro y plata en suelo americano. Si me lo permites, dejamos este irrisorio tema para más adelante.

Esta serendipia histórica condujo al conocimiento mutuo de dos mundos diferentes en lo cultural, pero idénticos en lo humano. Hubo un intercambio de herencias propiciado por el inevitable descubrimiento de la «redondez de la Tierra», como dijo Juan Sebastián Elcano. Los protagonistas fueron los españoles y los indígenas de todo el continente. Luego, otros europeos siguieron los mismos pasos, como probablemente ocurrirá en la futura colonización de Marte, dentro de unos lustros. Simplemente, se repiten los modelos.

La evolución es imparable, por lo que solo nos queda aceptarla y atesorar los sucesivos aprendizajes que nos proporciona. Habría que celebrar estos hechos pasados e intentar asimilar tanto sus consecuencias positivas como las negativas. Y volveríamos a discutir qué es beneficioso y qué no lo es. De nuevo la eterna pregunta, de tan difícil respuesta.

Regresando a España, se constata a diario que nuestra sociedad conoce una gran cantidad de acontecimientos pasados bajo la perspectiva del presente. Así es imposible analizar con rigor un hecho histórico. Como suelo decir en mis programas, tenemos que ponernos las «gafas de la época» para extraer conclusiones certeras. Analizar la Inquisición o el descubrimiento de América, por ejemplo, con las reglas democráticas y los valores humanos de la sociedad actual nos lleva a emitir un diagnóstico desastroso. No podemos olvidar que, en este caso, uno de los ingredientes de la «receta» de la ignorancia es la difusión de la leyenda negra española, sobre todo en nuestra propia sociedad. Una sociedad, por cierto, cuya determinación para neutralizar la versión de la historia inoculada durante los cuarenta años de dictadura la ha llevado a elaborar una crónica de nuestro pasado absolutamente fuera de contexto. De esta forma, en un corto espacio de tiempo nos hemos visto sometidos a una doble manipulación histórica. Pero de esto hablaremos un poco más adelante.

Si tu deseo es abrir las páginas de la historia con libertad y transparencia, no dudes en comprar esas «gafas» mágicas para cada época y ponértelas siempre que abordes el pasado. Meterse en la piel de los protagonistas es la mejor opción para contemplar la historia con una mirada limpia y recibir de ella todo lo que ofrece.

Oscuridad y una manta

Llegamos al último apartado de esta primera parte, en la que he intentado describir mis motivaciones para recuperar la historia de España. He resumido mis comienzos y he descrito las principales acciones y actividades que me han traído hasta aquí. Para finalizar, he querido escribir un episodio de ensamble con la segunda parte. Unas líneas en las que intentaré mostrar cómo casa lo que he expuesto con la historia de España.

Todo lo relatado no tendría sentido si no explicara lo que entiendo por «proceso histórico». Aparte de la primera definición de *historia* que consta en el *Diccionario* de la RAE, «narración y exposición de los acontecimientos pasados y dignos de memoria, sean públicos o privados», el concepto tiene para mí un significado y un desarrollo mucho más profundos.

Cada vez que me detengo ante una catedral, una pequeña iglesia románica, un fresco bajo una bóveda, un viejo manuscrito en su urna de cristal o el empedrado medieval de una calle, siempre me embarga la sensación de ser un privilegiado por tener la oportunidad de contemplar ese vestigio de las generaciones que me han precedido. Y doy gracias al proceso vital que me permite apreciarlo. Lo considero un regalo y, al mismo tiempo, el desarrollo de un sentimiento de pertenencia a algo mucho más importante. El presente se diluye y todo parece secundario cuando se observan las hileras de piedra que consolidan los cimientos de un templo: enormes monolitos de formas diversas que nos hablan del paso de diferentes culturas. Ante esa visión, siempre siento mi pequeñez en la escala del tiempo y mi insignificancia en el desarrollo de la historia.

Sin embargo, también me invade cada vez más una sensación agridulce, pues tengo la certeza de que muchas personas no sentirán lo mismo que yo, sea por falta de sensibilidad o, aún peor, de formación. Me incomoda que personas a las que aprecio no hayan cultivado el gusto por descifrar una pequeña inscripción romana en un monolito abandonado.

De repente me asalta la urgencia de contagiar mis conocimientos y mi sensibilidad a los demás, para hacerles comprender que las respuestas a las grandes preguntas pueden estar escritas en una piedra o esbozadas en los trazos de un viejo lienzo. Estas sensaciones han sido una constante durante gran parte de mi vida y me han llevado a emprender esta aventura para divulgar el conocimiento y la interpretación íntima de la historia.

Con todo, no siempre he sentido que la historia fuera un vehículo para responder a las grandes preguntas. Es más, en una larga etapa de mi vida los vestigios históricos solo me inspiraban indiferencia. Me vienen a la cabeza aquellas «tediosas» visitas, siendo adolescente, en compañía de mis padres o con el colegio, a decenas de lugares que no apreciaba en lo más mínimo. Por supuesto que esto es normal. La formación personal se forja poco a poco y el gran salto que supone tomar consciencia de nuestro papel en el tiempo puede sobrevenir de repente, de la mano de los padres o de un sabio profesor, o gracias a las páginas de un buen libro. Lo importante es que ocurra.

Aquí estoy, repasando experiencias personales y conceptos profundos muy complicados de transmitir. Sin embargo, tengo la ilusión de conseguirlo. Por eso hablaba de ese gran regalo que es la consciencia de pertenecer a un todo, ya sea pasado, presente o futuro. No olvidemos la importancia de dar el paso hacia una conciencia personal de preservación, cuidado y transmisión del patrimonio que nos ha sido legado. Individualmente, es muy interesante y enriquecedor afrontar las ideas de «consciencia» y «conciencia», sobre todo cuando se trata de entender la historia como el vínculo entre lo sucedido y lo venidero.

Todos hemos oído infinidad de veces decir: «Somos lo que comemos», y se nos recuerda constantemente la importancia de hacer ejercicio físico y someternos a un chequeo médico con regularidad. Por el contrario, apenas se nos pone en guardia acerca del cuidado de nuestro interior, de nuestra formación, de nuestra capacidad de discernimiento o de nuestro espíritu crítico. Vivimos en un clima de falsa seguridad que puede llevarnos a pensar que lo tenemos todo controlado y que nuestra inteligencia para diferenciar entre lo importante y lo superfluo, entre lo que está bien y lo que está mal, es un talento con el que todos hemos sido agraciados. No hay que rascar demasiado para advertir que en absoluto es así.

Basta con reflexionar un poco sobre las decisiones que tomamos, o con fijarnos en el comportamiento de las personas cercanas, para comprobar que las opiniones que nos formamos o las acciones que emprendemos dependen de informaciones o influencias de dudosa calidad.

Solo hay que pararse a observar un día cualquiera de nuestra vida para, si somos autocríticos, percibir la gran carga de superficialidad que nos rodea. Insistiré a menudo en ello: no podemos considerarnos especiales o superiores por vivir en el siglo XXI. Cualquier tiempo pasado no fue ni mejor ni peor. Lo que sí creo es que vivimos en una era de impresionantes avances tecnológicos y de equilibrio social, pero también de adoración de lo tangible, lo que desemboca en un deterioro y abandono de nuestra esencia como personas.

En definitiva, a pesar de disponer de gigantescas herramientas de información con solo pulsar un botón, hay un déficit de reflexión verdadera y apenas dedicamos tiempo a profundizar en lo intrínseco de nuestra existencia. Tras percibir este desequilibrio y comprobar lo extendido que está en nuestra sociedad, decidí poner mi grano de arena. Y aquí estamos, involucrados en estas páginas, en un intento por que otras personas se suban a este barco.

No se puede dejar de lado que toda experiencia, para que sea completa y satisfactoria, debe vivirse en el momento apropiado.

Todos pasamos por fases de diferente intensidad, en las que afrontamos el día a día con más o menos preocupaciones o presencia de ánimo. En mi caso, por ejemplo, me está ayudando mucho escribir las páginas de este libro en un momento tranquilo y positivo de mi vida. Sin embargo, he recurrido a la historia tanto en épocas de plenitud como en otras más descoloridas, porque es un bálsamo que me ayuda a relativizar mis problemas, por muy espinosos que me parezcan.

Conocer las experiencias de quienes nos han precedido nos humaniza, nos inyecta una dosis de realismo y nos da fuerzas para afrontar las vicisitudes propias de la condición humana. Si comparamos nuestras incertidumbres y preocupaciones con las que debían de atormentar a las personas de cualquier siglo pasado, salimos bien parados, aunque habría que matizar que todas las comparaciones son, si no odiosas, sí imperfectas. Como antes comentaba, no deberíamos sentirnos superiores a las sociedades menos evolucionadas del pasado.

Si comprendemos el tiempo que nos ha tocado vivir y el carácter relativo de nuestra existencia y nuestras percepciones, tendremos más herramientas para afrontar el presente. La vida es el presente, nuestro «ahora», pero reforzado por la experiencia de una trayectoria vital que se remonta a decenas de miles de años atrás. Esta sensación tendría que bastarnos para disfrutar de cada minuto. El futuro puede llegar a arruinarnos el presente. No recibimos referencias ni ayudas desde el futuro, pero sí desde el pasado. Un pasado que hoy se entiende erróneamente como una rémora para nuestra evolución. Nada más lejos de la realidad. Los sucesos históricos son un cúmulo de experiencias de seres humanos como nosotros que vivieron circunstancias diferentes pero emociones idénticas.

Espero que estas primeras páginas reflejen mi modesta experiencia personal. Como decía al inicio, no quiero dar ninguna lección, sino compartir mi mirada sobre los acontecimientos históricos. Cuando siento la necesidad de conectar con el pasado y meterme en la mente de los hombres y las mujeres de una época anterior, alzo la mirada al cielo nocturno. Observar la Luna, los planetas y los millares de estrellas reconocibles a simple vista hace que nos sintamos minúsculos ante la grandeza del universo y sus distancias inasumibles, pero también como unos gigantes con la fortuna de apreciar el don de la vida y ser testigos de tal magnificencia. Deberíamos dejarnos arrastrar hasta dondequiera que nos lleve tal experiencia, con independencia de si nuestras circunstancias son propicias o adversas. Aprovechemos esa oportunidad para crecer.

Nada hay más reconfortante que desplazarse una noche hasta un lugar solitario, sin contaminación lumínica, extender una manta en el suelo y tumbarnos a disfrutar del cielo; es la mejor función teatral, y además gratuita, que tenemos a nuestro alcance. El mismo espectáculo que han admirado hombres y mujeres de toda condición a lo largo de los tiempos. Aunque sus interpretaciones fueran diferentes, ellos veían lo mismo que vemos nosotros.

El privilegio de una visión tan avanzada de la naturaleza debería hacernos reflexionar: ¿cómo interpretarán el firmamento las personas que habiten la Tierra dentro de mil años? Al final, la prodigiosa visión de la bóveda celeste nos une a los seres humanos del pasado y a los del futuro. Tiempo y espacio se funden para acercarnos; si hacemos un esfuerzo, incluso los sentiremos recostados a nuestro lado.

SEGUNDA PARTE

Somos humanos

Las cosas están ligadas por lazos invisibles: no se puede arrancar una flor sin molestar a una estrella.

Galileo Galilei, siglos XVI-XVII

El origen

Finalizábamos la parte anterior contemplando el firmamento, y esta la comenzamos analizando y contextualizando el origen de la presencia humana en la Tierra. Podría parecer un retroceso exagerado, pero si queremos tomar consciencia del punto de partida, conviene que echemos la vista lo más atrás posible para engarzar nuestra historia con los inicios del ser humano.

Tenemos la fortuna de contar con una tecnología que nos permite interpretar los acontecimientos que se dan en nuestro entorno natural. A lo largo de la existencia humana, la naturaleza y sus fenómenos han sido enigmas que nos hemos esforzado por resolver. Sin embargo, cada vez más recluidos en núcleos urbanos, hemos abandonado el contacto con el medio natural y nos hemos arrogado el derecho de dominarla. Resulta muy llamativo comprobar nuestra reacción ante fenómenos naturales infrecuentes pero propios del planeta, como una pandemia, una inundación o una erupción volcánica. Estos sucesos nos sumen en un mar de incertidumbre. Creemos que la naturaleza no puede marcarnos la agenda, pero es una falsa sensación.

También hemos perdido el contacto visual con el cielo nocturno, al que nuestros padres y abuelos todavía estaban acostumbrados. Hoy, la omnipresente luz artificial nos priva del espectáculo celeste. Inmersos en nuestros problemas cotidianos, no aprovechamos la naturaleza para escapar de lo mundano y lo intrascendente. Nos encerramos en nuestro pequeño entorno y solo tenemos consciencia de pisar un suelo y de estar bajo la atmósfera.

Se suceden los días y las noches y, con suerte, llegamos a reparar en que nuestro planeta gira mientras se traslada alrededor de una estrella. Todo esto puede parecer banal, pero vivir de espaldas a nuestro medio original nos aleja de nosotros mismos y de las soluciones a los verdaderos problemas del ser humano.

Para poder hacer un análisis de nuestro entorno con la suficiente perspectiva, no debemos pasar por alto el origen del planeta que nos acoge. Sin sus milagrosas características, no existiríamos como especie inteligente. Tampoco podríamos experimentar la consciencia de estar vivos, ni sentir la pertenencia a un orden superior. Nos enfrentamos a lo desconocido y nos invade un sentimiento contradictorio: por un lado, el vértigo ante lo inexplicable; por otro, el impulso para conocerlo. Esta doble vía es una constante en la historia de la humanidad.

Si pretendemos apreciar mejor el peldaño en el que hoy nos encontramos, debemos analizar los datos científicos de los que disponemos. Las magnitudes, como veremos, son inabarcables y mareantes, hasta el punto de producirnos un cosquilleo de inquietud.

Las últimas mediciones del diámetro del universo, cuyo origen intentan explicar multitud de teorías, arrojan una longitud de 93 000 millones de años luz. Si no estás familiarizado con estas magnitudes físicas, debes saber que un «año luz» es la distancia que recorre la luz en un año. Como la velocidad de la luz es de 300 000 kilómetros por segundo, asimilar el espacio que recorre en un año es una tarea imposible.

Para facilitar la comprensión de esta unidad de medida, digamos que la distancia a la Luna es de 1,3 segundos luz. Así pues, concebir el tamaño del universo se antoja una empresa inasequible. Por aportar algún dato más, pues no es la cosmología el objetivo de este libro, la distancia a Marte es de 4,35 minutos luz; al Sol, de 8,32 minutos luz, y a la estrella más cercana al Sol, de 4,3 años luz. Convendrás conmigo en que es asombroso. Si al valorar estas cantidades sientes un punto de ansiedad, no te preocupes. A mí me sucede siempre.

Hablemos ahora de la antigüedad del universo, para luego, mediante una lupa imaginaria, hacer *zoom* en nuestro planeta, donde nos aguarda la especie humana, y por último, si se me permite, en el pequeño patio particular que es España.

La edad del universo se estima en unos 13 800 millones de años; la de nuestra estrella, el Sol, en 4600 millones de años, y la de la Tierra, en 4500 millones de años. Nuestro planeta pertenece al sistema solar, que al parecer se encuentra en la mitad de su existencia. Esto quiere decir que dentro de unos 4500 millones de años nuestro planeta desaparecerá para siempre (y, con él, afortunadamente, las redes sociales y la prensa del corazón).

Cuando la Tierra se formó, no existían las condiciones necesarias para albergar la vida. Tendría que pasar mucho tiempo para que su estructura fuera cambiando y pudiera dar cobijo a los seres vivos que hoy conocemos. Pero volvamos a su origen. El Sol acababa de nacer y la futura Tierra lo rodeaba formando un anillo de gas y polvo. Transcurrieron cientos de millones de años y, por efecto de la gravedad, ese polvo se fue convirtiendo en rocas que, a su vez, se fueron agrupando en una masa compacta. Al principio, el planeta era una simple esfera de materiales fundidos. Una inmensa capa de lava cubría su superficie a una temperatura que superaba ampliamente los 1000 °C.

Existen dos teorías sobre la aparición del agua líquida en la Tierra. Según la primera, llegó transportada por asteroides que chocaron contra la Tierra, y el proceso duró 20 millones de años. La segunda postula que el agua ya estaba presente desde el origen del planeta, oculta bajo la superficie. Se estima que la producción masiva de agua se remonta a 3900 millones de años atrás.

Se cree que, en los inicios de la conformación del sistema solar, un planeta de un tamaño inferior al de la Tierra impactó contra esta y que, como resultado, salió despedida una gran cantidad de restos que al cabo de millones de años darían lugar al satélite terrestre: la Luna. Es la llamada «teoría del gran impacto», que se granjeó una enorme aceptación tras las evidencias recogidas por la misión Apolo. Aun así, quedan todavía muchas dudas por resolver.

Como dato significativo, se estima que en los albores de nuestro planeta, la rotación era mucho más rápida que en la actualidad, hasta el punto de que el día tenía solo seis horas.

Sobre el origen de la vida, se baraja la posibilidad de que fueran los meteoritos, tras su impacto con la Tierra, los que proporcionaron los elementos necesarios para su desarrollo, los cuales debieron de depositarse en la profundidad de los océanos, a la espera de actuar.

La velocidad de rotación irá disminuyendo: hace 1500 millones de años, los días ya duraban dieciséis horas. Se formó entonces un primer continente de grandes dimensiones. Esta inmensa masa continental se desintegró en enormes islas de origen volcánico que llenaron la atmósfera de dióxido de carbono. Las bacterias depositadas en los fondos oceánicos, las primeras formas de vida, comenzaron a realizar la fotosíntesis, es decir, a convertir el dióxido de carbono en oxígeno, que se propagó por todo el océano en un largo proceso de cientos de millones de años. Entretanto, la atmósfera amplió su tamaño.

Hace 750 millones de años, la incesante actividad volcánica seguía produciendo dióxido de carbono, pero este empezó a ser absorbido por grandes masas rocosas; por eso no habrá suficiente cantidad de dióxido de carbono para retener el calor del Sol en la atmósfera. Terminó así el efecto invernadero, imprescindible para el desarrollo de la vida.

No deja de ser llamativo que la falta de dióxido de carbono en la atmósfera, y el consecuente enfriamiento excesivo, fuese un impedimento para el desarrollo de la vida, cuando hoy nos enfrentamos al problema contrario: su exceso puede llevarnos a un sobrecalentamiento, igualmente perjudicial.

Este cambio climático dio paso a la más profunda glaciación que ha conocido nuestro planeta: la Tierra se vio dominada por capas de hielo de tres metros de grosor y temperaturas medias de 50 °C bajo cero. Tras este período de congelación, al cabo de 15 millones de años, los volcanes comenzaron a derretir la capa de hielo, y el dióxido de carbono volvió a ocupar la atmósfera, esta vez de forma definitiva. En consecuencia, la superficie empezó a calentarse.

Durante la gran glaciación, bajo el hielo se conservó agua en estado líquido, lo que permitió que el proceso de la vida siguiera adelante. Cuando hace 540 millones de años el hielo se fundió, dio comienzo la «explosión de la vida», origen de los grandes grupos de animales. Los días duraban ya 22 horas y las temperaturas se normalizaron. En los océanos aparecieron multitud de formas de vida pluricelulares, además de especies vegetales y animales precursoras de los insectos.

Por fin, la vida era posible bajo el agua, pero no sobre la superficie; el motivo era la ausencia de ozono, un gas que protege el planeta de las radiaciones solares nocivas. El ozono se formará tras la enorme producción de oxígeno bajo el agua y absorberá las radiaciones solares ultravioleta, propiciando de este modo las primeras especies vegetales.

La vida en la Tierra sufrirá su primera extinción masiva hace 445 millones de años: desapareció el 85 % de la vida. Las causas todavía no están claras, aunque probablemente se debió a una glaciación o una radiación de gran potencia que traspasó la capa de ozono.

Hace 370 millones de años, los grandes insectos fueron ocupando la Tierra. La aparición de los huevos y las semillas hizo que la vida se expandiera de forma más rápida y segura. Los primeros reptiles dan relevo a los grandes insectos.

La segunda extinción masiva se produjo hace 359 millones de años, tal vez por un enfriamiento súbito. Fueron las especies supervivientes las que más tarde abandonaron definitivamente el medio acuático para poblar la superficie terrestre. En esta extinción pereció el 82 % de las especies.

Se abre otro período de millones de años en el que los grandes reptiles dominarán la Tierra hasta hace 250 millones de años, cuando tiene lugar la tercera extinción masiva, la mayor sufrida por nuestro planeta. Se estima que la causa fue el impacto de un meteorito y la intensa actividad volcánica posterior. Se rozó la extinción total: solo sobrevivió el 4% de las especies. Entre ellas se cuentan las que colonizarán la Tierra.

Hace aproximadamente 245 millones de años aparecieron los mamíferos y los dinosaurios. La Tierra tiene un único gran continente, que empezará a fragmentarse debido a los desplazamientos de las placas tectónicas. Los fragmentos se transformarán en los continentes que hoy habitamos. Esta división provocará intensos cambios climáticos que, sumados a múltiples impactos de meteoritos, abocarán a nuestro planeta a la cuarta extinción masiva.

Las especies se adaptaron a los cambios y el planeta se vio dominado por los grandes dinosaurios, tanto en la superficie como en el aire y en los mares. Pero hace 66 millones de años, los reyes y dueños del planeta y el 75 % de las especies se enfrentan a la quinta gran extinción. El cataclismo fue motivado por el tremendo impacto de un meteorito de 12 kilómetros de diámetro en el actual golfo de México. La Tierra quedó cubierta por una densa nube de polvo durante 18 largos meses. La falta de luz solar causó la progresiva muerte de las plantas, de los herbívoros y de los carnívoros. Los grandes animales desaparecieron por completo. Las cantidades de dióxido de carbono y oxígeno se descompensaron, la temperatura aumentó 14 °C de media y los glaciares se derritieron e inundaron buena parte de las zonas continentales. Los mamíferos que lograron sobrevivir a la catástrofe bajo tierra se erigieron en los nuevos dueños del planeta, al abrigo de cuya evolución apareceríamos nosotros, los homínidos.

Muchos científicos sostienen que vivimos en la era humana, por las evidencias de un nuevo cambio climático causado por la descontrolada actividad industrial. La contaminación y la proliferación de armas nucleares podrían llevarnos a la sexta extinción masiva. Esta catastrófica predicción, aunque no es imposible, parece desproporcionada. Como hemos visto, las extinciones generalizadas han sido siempre provocadas por agentes naturales. Pero nuestro objetivo aquí no es lanzar un pronóstico sobre el fin de la humanidad.

Creo que esta avalancha de información es más que suficiente para tomar consciencia de la inmensidad en la que se desarrolla nuestra historia. No te voy a abrumar con más datos y cifras, pero te pido encarecidamente que, si no estás familiarizado con esta materia, te detengas un momento para asimilar los datos que he ofrecido. Todo es tan grandioso que merece una reflexión.

Te invito a que, en una noche despejada con luna llena, te sientes a la orilla del mar y pienses en lo que perciben tus ojos: las estrellas, el suelo rotando bajo tus pies, la Luna iluminada por el Sol, el agua, tu respiración... son auténticos milagros.

Uno de los propósitos de estas íntimas reflexiones es compartir nuestras sensaciones con aquellas personas que, por falta de formación o de sensibilidad, se están perdiendo tal espectáculo. Cada individuo desarrolla diferentes capacidades intelectuales, por lo que le costará más o menos asimilar que las respuestas a las grandes preguntas debemos buscarlas a nuestro alrededor. A mí mismo me ha llevado una buena parte de mi vida descubrirlo. Se ha dicho que la inteligencia se mide por el tiempo que una persona emplea para solucionar un problema: unos necesitarán media hora, mientras que otros pueden tardar años.

Si compartimos nuestras sensaciones, es posible que ayudemos a muchas personas a abrir esa puerta. A lo mejor hasta conseguimos que algún nacionalista se siente una noche a la orilla del mar, recapacite y guarde su bandera.

Mi experiencia en la comprensión de la historia me ha llevado a concluir que la principal causa de las guerras es el anhelo de lo material. Pero para movilizar a la gente y que ataque a sus congéneres, al otro lado de una montaña o de un río, hay que recurrir a la religión, como ocurría sobre todo en la Antigüedad, o al nacionalismo, como ocurre en los tiempos presentes. ¿Podrías decirme una guerra librada en suelo europeo en los últimos cinco siglos que no lleve el sello del nacionalismo? Parece que no aprendemos, por mucha información que tengamos a nuestro alcance.

Volvamos al tema que nos ocupa al comienzo de esta segunda parte, el origen de la Tierra y del ser humano.

Lo normal es que te sientas extremadamente pequeño. ¿Somos capaces de asimilar tales dimensiones, comparándolas con las que manejamos en nuestra vida cotidiana? ¿Qué supone la duración de nuestra vida dentro de esa escala temporal?

Creo que ninguna de estas dos preguntas tiene respuesta. Pero deberían hacernos pensar. Hemos de plantearnos con calma las dudas en torno a nuestra posición en el universo. Y complacernos de tener los conocimientos para intentar descifrar tantísimos enigmas.

Formamos parte de un universo inabarcable, prácticamente infinito. Si intentamos contrastar nuestras unidades de medida temporales y espaciales más comunes, como el siglo o el kilómetro, con las magnitudes que hemos venido manejando en estas páginas, coincidiremos en que rozamos la insignificancia. Sin embargo, al mismo tiempo somos únicos al tener la inmensa fortuna de haber sido invitados al espectáculo. Unos verán en todo ello una mano divina; otros, una maravillosa carambola. En cualquier caso, tenemos el privilegio de estar aquí. La Tierra, este minúsculo planeta, es un auténtico milagro, desde su formación hasta sus condiciones para albergar vida y conservarla a pesar de las extinciones masivas que ha sufrido. Merece, pues, una admiración diaria por nuestra parte. Además, no solo tenemos el don de la vida, sino también algo todavía más valioso: la inteligencia para intentar comprender, apreciar y conservar nuestra esfera mágica.

No se conoce con certeza otro planeta con vida, y mucho menos con vida inteligente. Carezco de conocimientos para hacer una predicción al respecto, pero todo apunta a que el universo está plagado de ella y es muy probable que las misiones espaciales la encuentren pronto en nuestro sistema solar, sin ir más lejos. Sin embargo, el sentido común me dice que es casi imposible que lleguemos a comunicarnos con otra civilización. Tal vez haya existido o exista en el futuro, pero será muy difícil que coincidamos en el tiempo. Aunque por una remota casualidad que hubiera seres inteligentes en algún lugar del cosmos, actualmente, casi con toda seguridad se hallarían a una distancia inalcanzable. Por eso es vital comprender y valorar lo asombrosa que es nuestra existencia antes de adentrarnos en la historia.

El ser humano ha llegado a la Luna, y varios de sus ingenios están culminando misiones en los confines del sistema solar. Aunque todavía quedan muchas necesidades por cubrir en la Tierra, es muy probable que el futuro de la humanidad esté vinculado a la exploración del espacio.

Cerremos ya este indispensable apartado, en el que he intentado transmitir la importancia del entorno en el que se va a desarrollar la humanidad, así como de nuestro origen, un tema que se suele pasar por alto cuando se aborda el estudio del pasado.

Siempre he visto la historia como una camisa infinita que debemos abotonar; si lo hacemos con prisas y nos saltamos un botón, al final tendremos que volver sobre nuestros pasos para cerrar ese espacio si queremos que nos quede bien ajustada. Por eso tenemos que «abrochar el botón» de nuestro entorno. Basta con echar de vez en cuando un vistazo al cielo nocturno y sentir que vivimos en una milagrosa esfera azul y verde que cada amanecer nos dice que ha vuelto a girar sobre sí misma.

Después de todos estos datos y realidades, no hay duda de que la vida en nuestro planeta es un acontecimiento insólito que tenemos la obligación de valorar y conservar como parte primordial de la herencia recibida.

La evolución

Tras este breve e intenso viaje a través del espacio y el tiempo, vamos a tratar uno de los enigmas más importantes y complejos de la humanidad: el origen del hombre. Cualquiera con una formación humanística básica debería planteárselo, pero por desgracia ni siquiera en pleno siglo XXI está al alcance de todas las personas. La falta de formación cierra muchas puertas en la vida, algo que deberíamos grabar a fuego en la mente de todos los jóvenes. Es parte de nuestra responsabilidad.

Durante siglos, en lo que a Occidente se refiere, la respuesta a las grandes preguntas se indagaba en los textos bíblicos. Las fuentes sagradas bastaban para cerrar cualquier interrogante relacionado con el sentido de la vida.

Diversas corrientes de pensamiento fueron sucediéndose con el paso de los siglos, a medida que el ser humano iba acumulando tiempo de vida en el planeta. Tenemos constancia de que a los antiguos griegos les preocupaban los orígenes del hombre y de la Tierra. Tras largos procesos de estudio y observación, los arqueólogos y otros investigadores comenzaron a intuir que había una relación evolutiva entre las diferentes especies.

El gran avance en la interpretación del desarrollo de la especie humana llegaría con la idea evolutiva de las especies. Su primer defensor fue el naturalista francés Jean-Baptiste Lamarck entre finales del siglo XVIII y principios del XIX. Lamarck sostenía que las características se adquieren lentamente a causa del uso y la necesidad. Los organismos se desarrollan desde los más simples hasta los más complejos mediante un proceso evolutivo «lineal», no «ramificado». El medio ambiente es decisivo en los cambios, y cada avance es heredado por la descendencia.

Charles Darwin, tras su expedición alrededor del mundo en el siglo XIX, observó y comparó especies de distintos continentes. Con la innegable influencia de Lamarck y Malthus, publicará su teoría de la evolución, consensuada con otro investigador inglés, Alfred Russel Wallace, en *El origen de las especies*. Su conclusión fue que las especies no son inalterables, sino que están sujetas a mutaciones lentas y constantes. La evolución estaría basada en la selección natural a través de la lucha por la existencia, siendo los mejor preparados los que sobreviven. Esta fue una obra fundamental, con el valor añadido de que las leyes de Mendel sobre la herencia no eran conocidas en aquel tiempo.

Años más tarde, Darwin publicará *El origen del hombre*, donde demuestra que los seres humanos comparten características físicas, además de estrechos lazos biológicos, con sus parientes primates. Además, ofrece una visión «ramificada», no «lineal», de la evolución y remarca que las especies se diversifican para dar lugar a otras nuevas. Adelantándose a la controversia en torno al nacimiento de la humanidad, Darwin propone que nuestros primeros ancestros vivieron en África, lo que sería confirmado por diversos descubrimientos del siglo XX. La ubicación del hombre en la misma línea zoológica del mono fue una revolución en la época.

El monje agustino Gregor Mendel, súbdito del Imperio austríaco y coetáneo de Darwin —seguimos en el siglo XIX—, aceptó las ideas evolutivas del inglés, pero no todas sus premisas. Tras largas investigaciones con plantas, Mendel afirmó que las especies no experimentan ligeras variaciones constantes, sino verdaderos saltos evolutivos. Propugnó que, además de la influencia del medio ambiente, los organismos vivos sufren mutaciones al azar que se transmiten a través de factores independientes. Estos «factores», que hoy conocemos como «genes», determinan la evolución.

Por desgracia para Mendel, hasta principios del siglo XX no se aceptarán como válidas sus ideas sobre las leyes de la herencia.

Será el estadounidense Thomas Hunt Morgan, en 1910, quien establezca que los genes se encuentran en las células, concretamente en su núcleo. Así, las células podrán experimentar grandes o pequeñas mutaciones.

No hemos de olvidar al alemán Ernst Mayr, uno de los más importantes biólogos evolutivos de la historia, al que se llegó a llamar el «Darwin del siglo XX». Mayr postulará una teoría con puntos de contacto con todas las anteriores y que él mismo resumirá en 1963 del siguiente modo: «La evolución se debe a la acumulación de pequeños cambios genéticos guiados por la selección natural».

Terminamos este somero repaso a las teorías de la evolución con el creacionismo, que atribuye a la divinidad el origen del universo. El creacionismo clásico, preponderante durante el desarrollo de la civilización occidental, se basa en la Biblia y no admite las teorías evolutivas de las especies. Tampoco acepta los postulados científicos en torno al origen del universo y al sistema solar, sino que se ciñe a las explicaciones que ofrece al respecto el libro bíblico del Génesis. Dentro de esta corriente clásica existe asimismo la teoría del diseño inteligente, según la cual Dios concibió un plan para crear el mundo. Corrientes creacionistas más recientes intentan aunar las teorías científicas de la evolución con la intervención divina.

El estudio de las especies, que preocupa al hombre desde la Antigüedad, seguirá deparándonos sorpresas en el futuro, aunque la línea principal de conocimiento está ya trazada. Hoy nadie con un mínimo de rigor puede decir que el hombre desciende del mono, como se afirmaba en la época de Darwin, pero aceptará que ambos tienen un antepasado común. Lo que dejan entrever estos estudios y certezas científicas es que los seres vivos se han ido convirtiendo, poco a poco, en criaturas cada vez más complejas.

Cuando analizo los mecanismos de la evolución, siempre me invade una inquietante sensación que quiero compartir contigo. Es como si existiera una fuerza oculta, ajena a los sucesos fortuitos, que conduce a las especies por un camino muy concreto. Un trayecto en cuyo destino encontraremos el premio a tan largo viaje: el ser humano.

Si nos centramos en la especie humana, el estudio de su evolución llega a ser cautivador. Preguntas parecidas a las que hoy nos formulamos ya se las hacían las antiguas civilizaciones. Las religiones han buscado una salida espiritual a tantas incertidumbres vitales, que asimismo han propiciado el desarrollo de mitos y leyendas orales que se remontan a la noche de los tiempos.

Señalar con exactitud el momento en el que el ser humano tomó consciencia de su condición es prácticamente imposible. La antropología no ha logrado datar cuándo el *Homo sapiens* asumió su propia existencia y adquirió el sentido temporal que lo llevó a apreciar su pasado. No estamos hablando ahora del origen de la vida y de la evolución de las especies, sino de un hecho que se antoja todavía más complejo: la aparición del hombre capaz de pensar.

Revisemos a continuación, brevemente, las diversas etapas de nuestra evolución, desde el principio de la humanidad hasta nuestros días.

Aunque hoy en día se tiende a incluir dentro del concepto de «historia» el tiempo transcurrido desde el comienzo de la existencia del ser humano, tradicionalmente se han distinguido dos grandes etapas: la prehistoria y la historia. La prehistoria empieza con los primeros homínidos, o seres antropomorfos, y concluye con las primeras formas de escritura. La historia comienza con la aparición de la escritura, hacia el 3200 a. C. en Mesopotamia, y se extiende hasta la actualidad. Sin embargo, a menudo los investigadores datan su inicio antes de esa fecha, pues interpretan que empezó con la aparición de las primeras civilizaciones sedentarias.

Centrémonos ahora en la evolución del ser humano, un asunto fundamental para apreciar la enorme dimensión de nuestro desarrollo.

Los tipos de homínidos, nuestros antepasados, que acepta la ciencia son los siguientes, por orden cronológico: *Australopithecus afarensis* (hace 3,5 millones de años), con la capacidad de andar erguido; *Australopithecus africanus* (hace 2,7 millones de años), con un mayor volumen cerebral; *Homo habilis* (hace 2,2 millones de años), que comienza a tallar la piedra; *Homo ergaster* (hace 1,9 millones de años), que realiza actividades en grupo, es capaz de hablar, conoce el fuego y talla la piedra de forma sistemática; *Homo erectus* (hace entre 1,9 millones y 117 000 años); *Homo antecessor* (hace 800 000 años), la especie de homínido más antigua de Europa, hallada en Atapuerca; *Homo heidelbergensis* (hace entre 600 000 y 200 000 años), primera especie original de Europa; *Homo neanderthalensis* (hace entre 200 000 y 40 000 años), y *Homo sapiens* (desde hace 250 000 años hasta el presente), el ser humano actual.

Las distancias en años al estudiar la evolución del hombre son claramente más asequibles que los años luz de los que hablábamos antes, o que los miles de millones de años del desarrollo de la vida. Si nos paramos a pensar que entre los primeros homínidos y la aparición del *Homo sapiens* pasaron más de 3 millones de años, vuelve a atenazarnos la sensación de no ser capaces de asimilar el tiempo transcurrido. Estamos habituados a controlar el pasado y el futuro con medios tan cotidianos como un calendario, pero si intentamos hacer lo mismo con los «cercanos» comienzos de nuestra existencia como especie, nuestra mente se ve engullida por sus hojas.

Antes comentaba que no descendemos del mono. Lo que ocurre es que tanto los monos como los humanos descendemos de un mismo primate africano de millones de años de antigüedad. Este primate se escindió en dos grupos bien diferenciados: el primero subsistió sobre los árboles, mientras que el segundo se aventuró a abandonar el bosque y comenzó a caminar sobre las extremidades traseras. Esta última clase, que adquirió una mayor capacidad de adaptación y se extendió por nuevos territorios, daría lugar al cabo de millones de años a las especies humanas, de las que solo hemos sobrevivido nosotros.

Al erguirse y caminar sobre las extremidades traseras, nuestros ancestros tuvieron libres las delanteras para desarrollar la habilidad de manipular objetos y usar herramientas primitivas de madera, hueso o piedra. A medida que evolucionaban, sus manos fueron cambiando de forma, pues ya no las utilizaban para desplazarse entre las ramas de los árboles. Los pulgares se acortaron y adquirieron más fuerza, lo que les permitió manejar objetos con mayor facilidad. De esta manera, comenzaron a realizar tareas cada vez más precisas. Mientras se producían estas variaciones físicas, fue aumentando la capacidad craneal y, por tanto, el desarrollo de un cerebro más sofisticado.

Si comparamos la capacidad craneal de los primeros homínidos (*Australopithecus*), de 350 cm^3, con la del ser humano actual (*Homo sapiens*), de 1200 cm^3, vemos claramente las razones de los avances evolutivos. Este aumento de volumen provocó un gran desarrollo de las capacidades de entendimiento, razonamiento y aprendizaje. Serán la abstracción y la invención, sumadas a la autoconsciencia, las características que marcarán la diferencia con respecto a otras especies. Más tarde llegarán la interpretación de los sucesos naturales, el lenguaje oral y, por último, la escritura. Estas dos últimas capacidades, exclusivamente humanas, llevarán a nuestra especie a elaborar ideas complejas y desembocarán en el desarrollo de actividades artísticas, una característica igualmente singular del ser humano. Luego se producirá el progreso en sus aptitudes para las matemáticas, la música y la ciencia, entre otras.

Estamos ante un proceso clave en nuestra evolución, considerado prodigioso, que conducirá a la aparición del *Homo sapiens*, cuyo significado en latín es «hombre sabio» u «hombre inteligente». La nueva aptitud para el desarrollo de ideas y su capacidad de organización propiciarán que el *Homo sapiens* supere en la escala evolutiva al *Homo neanderthalensis* (hombre de Neandertal). Ambos convivirán y rivalizarán, pero los neandertales se verán abocados a la extinción.

En resumen, el *Homo sapiens* pertenece al orden de los primates y a la familia de los homínidos. Cuando nos referimos al *Homo sapiens*, estamos ubicando a la especie humana dentro de la evolución general de todas de las especies conocidas.

Los *Homo sapiens* hemos conseguido poblar la Tierra tras un largo y tortuoso proceso evolutivo. Hemos adquirido rasgos propios y los hemos ido perfeccionando. El color de nuestra piel ha variado según la latitud y la necesidad de adaptarnos a la radiación solar. Sin excluir otros motivos, la piel humana, oscura en su origen, se fue aclarando en aquellas regiones con una menor exposición a la luz.

Otras características se han visto modificadas por los movimientos de las distintas poblaciones y la mezcla entre ellas. Sin embargo, no podemos encasillar biológicamente a la humanidad en función de estas características adquiridas. Cuando decimos que una persona es blanca, amarilla o negra, podemos estar incurriendo en el error de clasificarla dentro de una categoría biológica, es decir, de adscribirla a una supuesta raza. Esto es aplicable a muchas especies animales, pero no a la humana. Entre los seres humanos hay diversidad genética, no razas. Desde un punto de vista biológico, estas no existen.

De hecho, la ciencia ha sustituido el concepto de «raza humana» por el de «ascendencia genética». El racismo no se sostiene, además de ser deleznable por despreciar a un congénere basándose en una diferencia física. Por otro lado, califica intelectualmente al sujeto que lo ejerce. En resumen, no hay ningún fundamento científico que permita establecer grupos diferenciados dentro de la especia humana.

Como hemos visto, el ser humano ha desarrollado multitud de capacidades que lo distinguen del resto de las especies. Por lo que sabemos, y aquí utilizo muy conscientemente la primera persona del plural, hace 200 000 años ya existíamos con el aspecto y las capacidades fundamentales que tenemos hoy. Ya gozábamos de autoconsciencia, lo que nos llevó a adquirir el talento primordial de conectar con nuestros ancestros y con las generaciones venideras a través de los tiempos.

Si medimos el tiempo en centurias a partir del nacimiento de Cristo, hoy nos encontramos en el siglo XXI. Veintiún siglos pueden parecernos muchos, pero ¿qué pasaría si contásemos el tiempo desde que existe el *Homo sapiens* o desde que comenzó la «era de la autoconsciencia», como me gustaría llamarla? La respuesta es que nos encontraríamos en el siglo MM. Dos mil siglos de historia que nos unen, indudablemente, a los primeros humanos. Aquellos hombres y mujeres ya alzaban su mirada con curiosidad hacia un firmamento casi idéntico al que nosotros vemos.

Si pensamos en las personas que nos rodean a diario, en nuestros amigos, familiares o compañeros de trabajo, ¿cuántos de ellos tienen información sobre el origen de su existencia, o conocen las magnitudes de las que hemos hablado, o saben que disponen de la herramienta del conocimiento para apreciar su vida?

Que todavía hoy, con tanta información como tenemos a nuestro alcance, existan individuos que no son conscientes de que forman parte de este gran acontecimiento es un auténtico naufragio. Contribuir de algún modo a subsanar este fracaso es una de las principales motivaciones de este libro. Como comento siempre al final de mis audios de historia, si has llegado hasta aquí, ahora toca compartir tus conocimientos con los demás.

La interpretación de los sucesos

Vivimos en pleno siglo XXI. Si se abre ante nosotros cualquier interrogante, o no sabemos descifrar un determinado fenómeno, siempre podemos recurrir a una explicación racional o científica. Muy pocas cuestiones carecen de una respuesta satisfactoria. En suma, disfrutamos de una vida llena de conocimiento que nos facilita el camino.

La historia es una de las numerosas disciplinas que nos procuran estas certezas. Una ciencia social que estudia los acontecimientos vividos por la humanidad y nos ayuda a comprender el presente. Por otro lado, al descifrar los acontecimientos y someterlos a crítica, nos invita a pensar con libertad.

Para analizar el pasado, los historiadores se sirven de fuentes históricas directas e indirectas. Las directas nos proporcionan datos originales: restos humanos, utensilios, construcciones y escritos, entre otros. Las indirectas, por su parte, incluyen a una tercera persona en el análisis de la información; nos referimos a libros, artículos, documentales y estudios de todo tipo. Considero necesario hacer este breve repaso de la historia como ciencia antes de introducirnos en la «otra historia», que es la que vamos a tratar de explicar a partir de ahora.

A menudo, cuando visito una población, el guía o el tríptico que me han entregado en la oficina de turismo me hablan de una ciudad que tuvo su origen en un asentamiento prehistórico. Automáticamente, me hago una idea de cómo podía ser la vida en esos lugares hace más de 100 000 años. Siempre intento imaginar dónde debían de estar las cuevas en las que guarecerse, o las mejores ubicaciones para protegerse de los animales salvajes o de otros grupos nómadas en busca de alimento o enseres. Intuyo que durante decenas de miles de años sus vidas estuvieron marcadas por el instinto de supervivencia y por una actitud siempre defensiva ante los acontecimientos. Pienso en cómo debían de acceder al río, un elemento común a todo asentamiento, y, en función del terreno que observo, procuro adivinar sus medios de subsistencia.

Un sinfín de cuestiones para las que, más o menos, siempre encuentro una respuesta basada en la lógica o en lo que yo haría si llegara a asentarme allí en sus mismas condiciones de vida. Sin embargo, mi curiosidad degenera en inquietud cuando me enfrento a la reconstrucción de lo que podía pasar por aquellas mentes ante el desafío de tener que interpretar un fenómeno natural. Irremediablemente, una vez que me imagino el aspecto físico de aquellos individuos y su entorno, me topo con el grueso muro que me separa de los sentimientos que podían albergar. Intento trasladarme a las situaciones en las que se veían inmersos, frente a unos acontecimientos naturales que hoy no tienen ningún secreto para nosotros.

En ese instante se abre un paréntesis en la visita histórico-turística y comienza el viaje hacia una comprensión más profunda de la historia. Al tratar de ponerme en la piel de mis antepasados, la visita cobra una nueva dimensión. Pienso que yo mismo podía haber nacido en aquel momento de la historia y entonces siento que formamos parte de un todo. Incluso me siento inferior a ellos y les agradezco que quemaran esas difíciles etapas de adaptación, para que hoy yo pueda disfrutar del conocimiento que nos han transmitido. Reconozco que es una forma muy particular de afrontar e interpretar los viajes y las visitas de carácter histórico, pero quería compartirla, porque descubrir estas maneras diferentes de contemplar el pasado es una de las razones por las que me he decidido a escribir.

Sé que no es fácil, pero vamos a intentar adivinar qué podía pasar por la mente de aquellos primeros congéneres cuando observaban o sentían determinados fenómenos sin poder recurrir a ninguna explicación científica, como la lluvia, la nieve, el granizo, los truenos, los rayos o la visión del arcoíris. Y no digamos un temblor de tierra, una erupción volcánica, un tornado, un ciclón tropical, un tsunami o la fluctuación de las mareas. Y en cuanto a la visión del firmamento, que ya he comentado, me pregunto qué pensarían de los eclipses, las estrellas fugaces, el Sol, los amaneceres y anocheceres, las fases lunares, el azul del cielo o los cambios de estación, entre decenas de fenómenos naturales que ni siquiera hoy todo el mundo es capaz de explicar.

Por cierto, según una encuesta realizada en el 2015 por la Secretaría de Estado de Investigación, Desarrollo e Innovación, el 25 % de los españoles cree que es el Sol el que gira alrededor de la Tierra, mientras que el 30 % piensa que los humanos llegaron a convivir con los dinosaurios. Y eso que hablamos de España, un país altamente desarrollado con un nivel educativo muy superior a la media. Son datos preocupantes, que nos hablan de una falta de formación elemental y, lo que es peor, de una ausencia total de inquietud por plantearnos quiénes somos y qué hacemos aquí.

Es muy significativo comprobar cómo una gran parte de la población vive en una burbuja llena de rutinas sin abrir los ojos al maravilloso mundo que la rodea. Ni siquiera aprecia que puede respirar por el milagro de la vida, gestado durante decenas de millones de años, o que la inteligencia es un don, y no hace sino dilapidar su autoconsciencia, quizá el bien más preciado que existe, conseguido tras una ardua evolución de millones de años.

Volviendo sobre lo que debían de sentir aquellos lejanos hombres y mujeres ante la contemplación de un fenómeno natural como el arcoíris, creo que lo normal es notar cierta agitación interior. Un vértigo mucho más acentuado si observamos la historia no como un conjunto de datos, sino como el planteamiento de cuestiones profundas. El conocimiento científico de aquellas gentes era nulo, pero los siglos fueron pasando y el ser humano adquirió nuevas aptitudes. Permíteme que te recuerde que, si adoptamos la vara de medir de la que he dado en llamar con cierta osadía, «era de la autoconsciencia», el camino recorrido es de dos mil siglos y no de veintiuno.

El conocimiento ha ido aumentando exponencialmente con el paso de los siglos. Obviaremos que desde los primeros homínidos que tallaban la piedra hasta la aparición del *Homo sapiens* transcurrieron cerca de dos millones de años. Si tomamos como fecha de comienzo los 250 000 años de vida del *Homo sapiens*, nos hicieron falta unos 240 000 años para abandonar la industria de la piedra y entrar en la Edad del Cobre, cuyo inicio se sitúa en el 6000 a. C. Sin embargo, tan solo precisamos de cinco mil años para alcanzar la Edad del Bronce y, posteriormente, la Edad del Hierro. Después llegaría la escritura, con la que dimos carpetazo a la Prehistoria para inaugurar la Edad Antigua. Vuelvo a utilizar la primera persona del plural de manera voluntaria y consecuente.

Hoy percibimos los dos mil años transcurridos desde el nacimiento de Cristo como una eternidad. Si nos centramos en esta era cristiana y trazamos una gráfica imaginaria con un eje para los años y otro para los avances, constataremos que el progreso se dispara respecto al tiempo. Para tomar consciencia de la enorme velocidad a la que se mueve la tecnología, basta con recordar que nosotros mismos hemos experimentado un gran cambio en nuestras vidas. No olvidemos que estamos inmersos en la «era de internet». Pues bien, este vuelco tecnológico se ha producido en tan solo treinta años. Parece que fue hace mucho, pero la primera conexión plena a internet en España data de 1990.

Treinta años es un tiempo insignificante para un avance tecnológico que ha propiciado un cambio tan crucial en los hábitos de los ciudadanos de cualquier extracción social. Estas cifras tan reveladoras deberían hacernos reflexionar sobre la trascendencia del progreso tecnológico y cultural. Es ahora cuando tenemos que hacernos las siguientes preguntas: ¿qué supuso un mayor avance para la humanidad, el dominio del fuego o la luz eléctrica?, ¿el arco y la flecha o la vacuna?, ¿la imprenta o internet? Si convenimos en que sin las tres primeras opciones no habrían existido las tres segundas, deberíamos otorgar mayor relevancia al fuego, al arco y a la flecha y a la imprenta.

A efectos de la evolución, debemos asumir que cada ser individual ejerce su rol en el contexto histórico que le ha correspondido vivir. Valga el siguiente ejemplo: no veo grandes diferencias entre el astronauta de una estación espacial y el marinero de una carabela. De hecho, el astronauta ha bebido de la herencia del marinero; otra cosa muy distinta es que el astronauta sea consciente de ello.

No tenemos que retroceder mucho en el tiempo para comprobar que la tarea de descifrar la naturaleza ha sido muy lenta. En el siglo XX, sin ir más lejos, muchos fenómenos y catástrofes naturales todavía se consideraban designios o castigos divinos. Aún en nuestros días existen supersticiones y creencias insostenibles con las que se intentan explicar algunos sucesos. Como vemos, el proceso de aprendizaje es constante y depende en gran medida de nuestra formación, la cual a menudo viene dada por las circunstancias de nuestro nacimiento.

Sin embargo, no podemos perder nunca la inquietud por conocer e intentar desvelar todo aquello que no comprendemos. Al igual que el hombre antiguo tuvo que buscar una interpretación del arcoíris, hoy nos enfrentamos a nuestros propios «arcoíris» para seguir creciendo. Un ejemplo es el genoma humano, que los investigadores no han logrado completar hasta hace muy poco. Este avance científico podría terminar con muchas enfermedades y cambiar nuestra vida.

La humanidad no se detiene. Y no lo hace porque lo que nunca ha dejado de buscar, por encima de todo, es la supervivencia. A mi modo de ver, cuando comparo la vida de hoy con la de los primeros hombres inteligentes, encuentro dos grandes elementos comunes: el instinto de supervivencia y la inteligencia. Nuestros «arcoíris» son hoy, entre muchos otros, la investigación genética, el conocimiento del universo, los avances en sostenibilidad, la optimización de los recursos energéticos y la exploración de otros planetas y sus materias primas. Estas cuestiones marcarán los nuevos tiempos y el objetivo al que dedicaremos nuestros esfuerzos, de la misma manera que nuestros antepasados se afanaban en controlar el fuego.

Cuando los hombres primitivos se aterraban ante un seísmo o un eclipse, estaban sentando las bases de nuestro conocimiento y nuestra percepción actuales de lo que ocurre a nuestro alrededor. Nos puede parecer muy remoto, pero sabemos lo que sabemos porque ellos ya intentaron interpretarlo hace miles de años. Un proceso lento, el de la herencia, en el que no solo ha participado la información genética, sino también la transmisión oral y, después, la escrita, ambas controladas conscientemente por la humanidad. Este razonamiento nos lleva a concluir que esa herencia, transmitida durante tantos miles de años, es hoy responsabilidad nuestra.

Hoy todos sabríamos dar una explicación del arcoíris… O quizá no; tengo mis dudas.

Espiritualidad y trascendencia

Me parece imprescindible finalizar esta segunda parte ahondando en nuestras necesidades espirituales, en la natural inquietud humana por desarrollarnos como personas.

Vivimos en el siglo XXI, en Occidente, en medio de una espiral de falsas obligaciones relacionadas con la tecnología. Se nos exige estar permanentemente conectados. La sociedad actual empuja al individuo a ofrecer una imagen personal cuyo último fin es la aceptación del grupo. Y esta aprobación no solo tiene que ver con las condiciones intelectuales, sino sobre todo con la apariencia física. Nos hemos dejado arrastrar por el materialismo, por la incesante consecución de un empleo, una vivienda, ciertas actividades lúdicas… En suma, estamos dominados por el apego a lo terrenal, lo cual nos deja escaso margen para reflexionar sobre nosotros mismos.

Esta es la época que nos ha tocado vivir y no hay una máquina del tiempo que nos permita rehuirla. Podemos comparar el presente con la, para mí ya lejana, época de la infancia y, movidos por la nostalgia, llegar a la manida conclusión de que «cualquier tiempo pasado fue mejor». A menudo estoy tentado de dar por buena esta afirmación. Sin embargo, soy consciente de que la humanidad ha avanzado lo suficiente para que deseche este pensamiento. Otra cuestión es si sacamos la lupa y analizamos hechos concretos que no resisten la comparación. Por supuesto, algunas costumbres, valores y comportamientos del pasado nos parecerán intolerables. En este punto volvemos a encontrarnos con la compleja interpretación subjetiva del pasado.

A pesar de los condicionantes que nos han sido «dados» en este período histórico que nos ha tocado vivir, es posible que lo material tenga un peso excesivo en nuestro comportamiento y en las decisiones que tomamos. No obstante, a poco que intentemos conocernos a nosotros mismos, terminaremos buscando refugio en lo intangible y en lo espiritual. Qué mejor muestra de ello que la actividad que en este preciso instante estamos compartiendo: la escritura y la lectura. Yo no estaría escribiendo este libro ni tú leyéndolo si no tuviéramos la necesidad de alimentar el espíritu. No podemos negar que la lectura es una búsqueda de satisfacción que no se basa en lo material. Un texto puede transportarnos y hacer que experimentemos todo tipo de sentimientos, darnos a conocer las ideas de otros o simplemente enseñarnos nuevas materias en beneficio de nuestra riqueza interior.

Detecto a menudo que solemos asociar lo espiritual a lo religioso, cuando no a un estado propio de ilusos, según la generalizada opinión de que solo lo que se puede tocar es real. Algo que una actividad tan simple y cotidiana como leer un libro anula de un plumazo, pues nos traslada claramente a una esfera espiritual. Por supuesto que un libro es un objeto físico, de papel, que incluso adquirimos pagando un precio, pero nos proporciona sentimientos carentes de valor material. Otro ejemplo es el de las emociones que nos embargan cuando asistimos a un concierto de violín o contemplamos un atardecer. Somos seres espirituales, aunque a menudo no seamos conscientes de ello.

Con estas reflexiones solo pretendo dejar claro que, querámoslo o no, somos seres que hablamos, dormimos, comemos y enfermamos, y, lo más importante, que tenemos un espacio interior. Ahí es donde cada individuo experimenta vivencias absolutamente únicas pero a la vez comunes a las de los seres humanos que nos han precedido desde hace decenas de miles de años. Esta espiritualidad, unida a la autoconsciencia, lleva a los hombres y a las mujeres a contemplar su principio y su final, su nacimiento y su muerte, en un ámbito distinto al material.

¿Cómo empezaron a manifestar su espiritualidad los primeros hombres inteligentes? Los vestigios más tempranos del culto a la muerte y de la creencia en otra vida quizá sean los utensilios personales que se hallaron en unos restos funerarios de los neandertales, cuya antigüedad es de unos 80 000 años como mínimo.

Según la antropología, el *Homo sapiens* adquirió la capacidad de proyectarse en el pasado y en el futuro gracias a la memoria autobiográfica. Esta conexión consigo mismo llevó al «hombre inteligente» a desarrollar la espiritualidad, lo que daría lugar a la religión, en referencia a los sentimientos espirituales, las creencias y los ritos. Percepciones que cobrarán fuerza cuando se aglutinen en torno a un elemento divino y al culto correspondiente.

En contraste con las grandes religiones monoteístas actuales, en la Antigüedad proliferaba el politeísmo. Se adoraba a diferentes dioses asociados al cielo, a fenómenos terrestres, a ubicaciones exactas de la naturaleza o a propiedades humanas. Son bien conocidos los cultos al sol, al trueno, a una montaña determinada o a la fertilidad. Al hilo de lo que comentábamos antes, es lógico que nuestros antepasados se postraran ante fenómenos como el trueno.

Como ya he señalado, no es el objetivo de este libro profundizar en los temas colaterales que van saliendo al paso, sino analizar procesos de la historia de España. Sin embargo, estoy convencido de que estaremos en mejores condiciones de hacerlo si antes tratamos, aunque sea brevemente, estos temas más profundos, pues son fundamentales para entender nuestra propia naturaleza.

He dejado caer el ejemplo del trueno porque en todos los puntos del planeta, ante la imposibilidad de explicar este fenómeno con los conocimientos de los que disponían los primeros seres humanos, precisó de un enlace con lo divino o lo religioso. Así, nos encontramos con que existen noventa y tres dioses distintos que encarnan al trueno. Entre los más conocidos se cuentan Zeus (griego), Júpiter (romano), Seth (egipcio) y Thor (escandinavo).

Tengamos en cuenta que la asociación de un fenómeno natural con una bendición o un castigo de origen divino es inherente al desarrollo de la humanidad. De hecho, aunque conozcamos cómo se producen los truenos y, hasta cierto punto, podamos protegernos de ellos, todavía nos sobrecogen.

Hace unos 200 000 años, los *Homo sapiens* y otros homínidos, como los neandertales y los *Homo heidelbergensis*, llegaron a convivir en el mismo período, durante el cual dieron el paso evolutivo de tomar consciencia no solo de su propia existencia, sino también de la de los otros individuos. Miles de años después, comenzaron a enterrar a sus muertos y a relacionar los fenómenos naturales con seres superiores a los que rendir culto.

Hace 40 000 años, el *Homo sapiens* utilizó la memoria para plasmar imágenes en forma de pinturas rupestres. El cerebro humano propició que un individuo se hiciera preguntas acerca de quién era y adónde iría tras la muerte. Hace 15 000 años, el ser humano comenzó a cultivar la tierra y a domesticar animales. Este paso evolutivo le permitió abandonar el nomadismo para vivir en asentamientos fijos donde los entierros se generalizaron.

En cuanto al desarrollo de la espiritualidad y las primeras religiones, no debemos olvidar la influencia de los sueños y de su interpretación. Sabemos que nuestros antepasados soñaban como nosotros, pero ¿nos hacemos una idea de lo que podía significar para ellos? En la civilización mesopotámica, la primera que nos dejó información escrita, los sueños se interpretaban como hechos mágicos, señales de la otra vida o mensajes de los dioses. Al igual que los fenómenos naturales, los sueños perturban e inquietan a los seres humanos. Hoy conocemos bien los procesos oníricos, pero hace miles de años su enigmática presencia noche tras noche debió de influir enormemente en nuestros ancestros, hasta el punto de conectarlos con lo divino.

Tiempo atrás, en una de las excursiones históricas a las que me he referido al principio del libro, hicimos una maravillosa visita a los Montes de Toledo. Allí descubrimos una increíble necrópolis con tumbas excavadas en piedra. Sentado junto a una de ellas, al atardecer, entablé una larga conversación con uno de mis amigos. Nos pusimos a hablar sobre los motivos que podían llevar a aquellas personas a ejecutar el duro trabajo de horadar la piedra para fabricar tumbas. Son cuestiones que no te planteas de verdad hasta que visitas un lugar como ese. Un espacio, por cierto, desconocido para el gran público y con un clima muy propicio para la reflexión. Aquella charla derivó en que el ser humano, aparte de su esperanza en la existencia de otra vida, persigue la «trascendencia»; un concepto complejo que alude a la búsqueda de una continuidad tras nuestro paso por el mundo terrenal. Trascender significa en este caso sobrepasar la propia vida y cruzar la frontera invisible con lo inmaterial. Está muy ligado a la religión y a la filosofía, pero tiene también su parcela dentro de la espiritualidad del hombre.

A propósito de estos recuerdos personales, te invito a que te detengas unos minutos cada vez que hagas una visita de estas características. Medita y saborea el momento y el lugar. Es una ocasión única que no puedes desperdiciar, aunque antes es importante trabajar la sensibilidad para establecer una conexión interior con el pasado.

TERCERA PARTE

SOMOS ESPAÑOLES

De todas las tierras que hay desde el poniente hasta la India eres la más bella, oh Hispania, sagrada y siempre feliz madre de príncipes y de pueblos. Con razón tú ahora eres de todas las provincias reina, de la que no solo el Occidente sino también el Oriente toma prestada tu luz.

SAN ISIDORO DE SEVILLA, siglos VI-VII

Nace España

Tras haber analizado los fundamentos de lo humano, es hora de pasar a conocer nuestra idiosincrasia como españoles o hispanos. Intentaremos averiguar qué elementos nos hacen singulares por nuestro pasado común. Cuando digo esto, quisiera incluir a todos los que compartimos raíces, nos encontremos donde nos encontremos. Mi objetivo es que las personas de cualquier parte del mundo que hablan español se identifiquen con esta lectura. Considero que el solo hecho de compartir idioma nos hace a todos acreedores del legado hispano de nuestros antepasados y, por tanto, objetivo de esta obra.

Lo primero que debemos preguntarnos es cuándo se produjo el nacimiento de lo que hoy llamamos España. Sabemos que la península ibérica acogió a los primeros antepasados del hombre hace más de un millón de años, pero aquellos homínidos no debieron de sentirse muy vinculados que digamos a la nación y al territorio que hoy conocemos. Tendremos que esperar mucho tiempo hasta que un grupo se armonice en torno a la idea de lo que hoy es España. Existen diferentes opiniones sobre el momento en el que una comunidad se identifica a sí misma como una nación. Como luego veremos, no podemos olvidar la influencia de las culturas mediterráneas, sobre todo de la romana, en la formación de nuestro carácter. Sin embargo, la esencia de una nación necesita algo más que huellas culturales diversas para adquirir una identidad definida.

Así como es importante datar el nacimiento de nuestro planeta, o de la especie humana, también lo es establecer el de España. No con ánimo de buscar un anclaje lo más antiguo posible, lo que sería artificial, sino con el empeño de encontrar un punto de partida que nos vincule realmente.

Asistimos desde el segundo centenario de la Constitución de Cádiz de 1812 a la proliferación del concepto de «nación política» o de «ciudadanía», según el cual la nación española nació cuando el Antiguo Régimen y sus monarquías absolutas sucumbieron ante los movimientos liberales de principios del siglo XIX. Todos asociamos este período con la Revolución francesa y la invasión napoleónica.

Durante los actos conmemorativos del 2012, de los mensajes institucionales y las informaciones emitidas por los medios de comunicación se desprendía que fue en 1812 cuando los españoles nos reconocimos por primera vez como nación. Pero no se especificó lo suficiente que se trataba de la «nación política», un término que hace referencia a un Estado provisto de ciertas instituciones y de una Constitución. Estamos hablando de un término jurídico que el español medio no alcanza a descifrar.

El problema es que la gente menos familiarizada con su propia historia interpretó que España se había fundado en 1812. Tuve ocasión de comprobar las consecuencias de este mensaje gracias al aluvión de correos electrónicos que recibí aquellos días preguntándome sobre el asunto. Dudas planteadas por aficionados a la historia que no entendían cómo la nación española podía haber comenzado en el siglo XIX. Los discursos de las autoridades tenían como fin demostrar ante las élites que poseían conocimientos sobre el tema jurídico en cuestión. Entretanto, hubo políticos que aprovecharon para denostar los antiguos orígenes de su propio país, una actitud difícil de comprender. Lo peor fue que olvidaron su sagrada obligación de ponerse a la altura del ciudadano medio.

Tras aquel despropósito, esperé una reacción por parte de algún sector cualificado. Sin embargo, pronto comprobé que aquellas interpretaciones habían pasado inadvertidas para la gran mayoría. Me pregunté entonces a quién le podía inquietar, hoy en día, el origen de España. Esta es la preocupante raíz de aquella inexplicable pasividad.

Existen varias teorías sobre nuestro origen como ente nacional. Según algunos, España es una nación desde los siglos XV-XVI, tras la unión de los Reyes Católicos. Incluso se ha asociado su origen a la llegada de los Austrias. La historiografía franquista, por su parte, se retrotrajo a los pueblos celtíberos y calificó a Roma de Imperio invasor.

Lo que interesa a las personas con inquietud por conocer su historia es datar el embrión del sentimiento nacional. De acuerdo con el *Diccionario de la lengua española*, la *nación* es el «conjunto de los habitantes de un país regido por el mismo Gobierno», así como el «conjunto de personas de un mismo origen y que generalmente hablan un mismo idioma y tienen una tradición común». Como vemos, estas definiciones son mucho más simples y comprensibles que la idea jurídica de «nación política». En suma, para que un pueblo antiguo merezca la consideración de nación, debe presentar una unidad en cuatro aspectos: territorial, jurídico, político y cultural-religioso.

Podríamos considerar la Hispania romana un atisbo de nación por su unidad cultural y política, pero no cumplía el requisito territorial ni el religioso debido a su subordinación a Roma. Habrá que esperar, por tanto, a la caída del Imperio romano, allá por el siglo V, para que la península comience a asimilar a los pueblos «bárbaros» del norte. El uso del término *bárbaro*, por cierto, responde a la sesgada visión historiográfica de los romanos. En realidad, los pueblos invasores estaban muy identificados con las costumbres romanas. Esta situación de acercamiento fue fruto de una larga convivencia en extensas zonas fronterizas.

Los pueblos visigodos formaban parte de esa oleada invasora. Se establecieron en la península ibérica romana y casi la ocuparon en su totalidad, con las excepciones temporales del territorio de los suevos al noroeste y del Imperio bizantino al sudeste. Durante el reino visigodo de Toledo comenzó a utilizarse el término *Spania* en referencia a un espacio geográfico definido y con entidad propia, si bien de manera muy difusa y sin un significado político pleno. Lo cierto es que Leovigildo alcanza la unidad territorial en el siglo VI, ayudado por la condición peninsular de la superficie del reino visigodo, con un único y difícil acceso a través de los Pirineos.

Culturalmente, los visigodos comenzaron a mezclarse poco a poco con los autóctonos. La Hispania romana sufrió una conquista militar, pero muy pronto los visigodos se adaptaron a la superior cultura de los habitantes de la península y se romanizaron.

La unidad religiosa llegaría en el siglo VI de la mano de Recaredo, que instauró el cristianismo como culto único en detrimento del arrianismo visigodo.

Por último, la unidad jurídica la estableció Recesvinto en el siglo VII al instaurar las nuevas leyes del *Liber Iudiciorum*, que más adelante se conocería como *Fuero juzgo*. Este código aglutinaba y modificaba las viejas leyes romanas y visigodas al mismo tiempo que las derogaba.

Visto todo lo anterior, nos encontramos con que en el siglo VII había una población cohesionada por aspectos fundamentales propios de una nación. Sin embargo, aquella unidad forjada en apenas 250 años se vería muy pronto golpeada por la invasión musulmana del siglo VIII. Parte de la población se adaptó al nuevo orden venido de África, mientras que otros buscaron refugio en el norte peninsular.

¿Podemos decir que España nace en la época visigoda? Sería perfectamente válido, aunque no veo una importancia trascendental en afirmarlo o ponerlo en duda. Lo fundamental es conocer estos hechos e interpretarlos con sentido común. Como antes comentaba, no se trata de competir por las raíces más antiguas, sino de reunir datos de diferentes fuentes para formarnos nuestra propia opinión. Tras la invasión musulmana, aquella joven nación reaccionó movida por el anhelo de recuperar un territorio y una forma de vida. En esencia, esta es mi posición tras analizar la historia de España en ese período.

Vuelvo a recurrir a mis recuerdos y experiencias de aquellos viajes en grupo que he mencionado. Algunos de ellos los dediqué a la España visigoda. Al preparar estas visitas y al llevarlas a cabo, me embargó la sensación de que aquellos remotos habitantes de la península, unidos bajo un solo reino, cumplían las condiciones para hacerse acreedores de pertenecer a una nación. Te invito a que te formes tu propia opinión, si no lo has hecho ya, basándote no solo en los estudios de los historiadores, sino también en tu mochila de experiencias, conocimientos e intuición.

Vamos ahora a intentar meternos en la mente de uno de estos primeros españoles mitad romanos y mitad godos. Luego imaginaremos lo que debió de suponer para ellos la invasión musulmana y reflexionaremos sobre el vuelco cultural y social que vivieron. Unos se adaptaron a la nueva cultura, mientras que otros emigraron al norte. Ambas decisiones forman parte de su herencia. La primera que recibimos como españoles.

Protagonistas anónimos

A menudo se manipula la historia para ensalzar valores propios y utilizarla a modo de arma arrojadiza en contra de las ideas ajenas. Sin duda, este es uno de los males de nuestro tiempo. Basta con echar un vistazo a las redes sociales, donde predominan los mensajes cortos y contundentes sin un fondo veraz. Si nos sentamos ante el televisor a ver un informativo de cualquier canal, enseguida somos testigos de un bombardeo de pseudonoticias propias de un panfleto de sucesos. En cuanto a la prensa escrita, sobre todo la digital, la norma son titulares de lo más aparatosos en los que, si escarbamos un poco, apenas encontraremos rastros de veracidad. Por lo que respecta a las tertulias radiofónicas, mejor hacer las maletas y emigrar a alguna estación espacial, aunque ni siquiera ahí estaríamos a salvo de la contaminación.

Un viejo dicho periodístico dice: «No dejes que la realidad te estropee una buena noticia». Si lo que queremos es escuchar o leer una noticia interpretada o edulcorada a nuestro gusto, que coincida con nuestra forma de pensar, no tenemos más que elegir el canal de televisión, la frecuencia del dial o el periódico apropiados. Encontraremos un medio dispuesto a hacernos felices, como si nos estuvieran narrando un cuento de Andersen. ¿Quién no ha acudido a un determinado medio para reforzar su opinión personal? Es un error, pero es humano. Ante tanta polarización, es comprensible que busquemos el calor de mamá, para que nos dé la razón y durmamos más tranquilos soñando con «nuestra realidad». Sin embargo, en el fondo sabemos que este comportamiento no lleva a ninguna parte.

El meollo del asunto es que cada día somos menos exigentes con los contenidos que nos llegan y acabamos bailando al son que nos tocan. ¿Quién no ha dado por buena una noticia o un titular para comprobar después que destilaba demagogia o adulteración? El problema no reside en el emisor del mensaje, sino en nosotros mismos, los receptores. Ante la alarmante carencia de credibilidad de las informaciones, tenemos que adoptar una respuesta individual. Estamos obligados a buscar nosotros mismos la solución.

Mención especial merecen los contenidos de los libros de texto, porque, si los adultos somos influenciables, qué decir de los niños. En la escuela se los somete a una ceremonia de adaptación parcial y selectiva de la historia y de la geografía. Esta enseñanza atomizada está limitando la capacidad de análisis de generaciones enteras. Muchos niños españoles, de cualquier comunidad autónoma, conocen el nombre del arroyo que bordea su ciudad, pero no saben situar en el mapa el río Guadalquivir, como he tenido ocasión de comprobar personalmente.

Comparto ahora otro ejemplo del esperpento en el que estamos sumidos. Atañe a la Comunidad de Madrid, donde resido, un lugar en el que, aparentemente, la historia de España recibe un trato admisible. El idioma inglés, vehículo necesario para el desarrollo personal en el siglo XXI, ha llegado a las aulas madrileñas de forma óptima. El problema aparece cuando, en una muestra de autocomplacencia sin control, se imparte la asignatura de Historia en inglés. Para los niños madrileños, e imagino que no serán los únicos, los personajes de Felipe «el Hermoso» y Juana «la Loca» son Felipe «*the Handsome*» y Juana «*the Crazy*» (textualmente, en un libro de Primaria). Ya metidos en el fango, me pregunto por qué no han traducido también los nombres propios por Philip y Jane. Quien permite que se enseñen los sobrenombres de figuras del pasado en otro idioma tiene una idea bastante peculiar sobre la misión de la historia dentro de un aula.

Los que sí tienen una idea muy clara de la historia, o de su historia, bajo un sesgo absoluto, son las autoridades responsables de elaborar los libros de texto en las diferentes comunidades autónomas. Como ya he referido, estas violaciones son especialmente graves en las llamadas «comunidades históricas» (una denominación incomprensible en un Estado de territorios iguales), donde se recorta el idioma español tanto en las aulas como en la vida cotidiana. Es sorprendente que no se dé la voz de alarma, pues los niños se ven privados de dominar la segunda lengua materna del planeta. No les van a la zaga otras comunidades autónomas que limitan la riqueza mental de los niños con contenidos basados en sus correspondientes burbujas territoriales. Esta «besuguización», disfrazada de libertad e identidad, es moneda de cambio en amplias zonas de nuestro territorio.

Aquí dejo, no por falta de ganas, el asunto de las diversas lenguas, cooficiales o no, utilizadas como arma de segregación y desigualdad, en vez de constituir un elemento diferencial y enriquecedor.

La adulteración de la historia en los libros de texto, a la que contribuyen un buen número de profesores poco cualificados o interesados en perpetrar el fraude, ya es normal en España. Que las nuevas generaciones se eduquen con carencias es un problema, pero que reciban información manipulada es un drama. Podríamos confiar en que la familia del niño corrija el desatino, pero nos encontramos con que los padres de hoy son fruto de ese mismo sistema educativo. Ya sé que si sois padres o madres y no actuáis de esa forma no os sentiréis identificados con lo que estoy exponiendo, pero todos sabemos que el problema existe y está extendido.

También podríamos ahondar en la calidad de la enseñanza, un aspecto en el que nos situamos a la cola de Europa. Solo echaremos un vistazo a los últimos informes elaborados por la Unión Europea, en los que España se encuentra a la cabeza de los países con mayor abandono escolar en el 2017 y el 2018, aunque está situación viene de muy atrás.

A diario vemos ejemplos de estas carencias: faltas de ortografía entre el alumnado universitario, ausencia de autoridad por parte de los profesores, avances de curso con asignaturas suspendidas, padres que reman en contra... Una vez fui testigo de cómo un «papá» se levantaba en medio de una reunión con los profesores para preguntar de qué servía cuidar la ortografía y los márgenes en la escritura. No dedicaré más tiempo a este asunto porque me eternizaría. Ni el mismísimo Berlanga lo habría imaginado.

Tampoco podemos obviar la animadversión que despierta la historia de España. Esta corriente anida en distintos movimientos sociales y en las mentes de los gobernantes nacionalistas y populistas, que vienen a ser el mismo cuerpo y la misma entelequia. Una obcecación cuyo origen es tan viejo como irracional.

En definitiva, la realidad y la verdad están puestas al servicio de la libre interpretación y de los intereses particulares, y, lo que es más grave, en muchos casos son manipuladas por las propias instituciones. La historia es blanco de la tergiversación y se ha convertido en una herramienta electoral y de adoctrinamiento.

Es probable que no te haya descubierto nada nuevo. Simplemente tenía la necesidad de compartir unas reflexiones. Deberíamos respetar el derecho de nuestros descendientes a una formación limpia y garantizar su protección intelectual bajo el paraguas del sentido común. Mirar hacia otro lado nos acabará afectando tarde o temprano.

A bote pronto, se me ocurren dos preguntas: ¿de dónde viene esta animadversión contra la historia de España?, ¿cómo podemos remediar este fenómeno?

En cuanto al primer interrogante, hay una parte de la sociedad española que interpreta la historia de España como un «asunto de otros». La asocia a ambientes conservadores y a élites eruditas, y la considera una ciencia inútil por la aparente imposibilidad de aplicarla en la vida real. A todos aquellos que identifican el pasado con el refrán «agua pasada no mueve molinos», les recordaría las inigualables emociones que nos embargan cuando nos reunimos con los amigos para revivir la infancia, pasamos las páginas de un viejo álbum de fotografías o vemos un vídeo doméstico de la familia. Y les diría que el presente, por sí solo, no significa absolutamente nada. Si tenemos presente es porque hay pasado. No insistiré más en ello, pues me parece obvio.

El matiz ideológico también desempeña un importante papel en la visión negativa de nuestro pasado. La monarquía, la religión y la conquista, entre otros conceptos recurrentes a lo largo de toda nuestra historia, se analizan con criterios actuales, lo que introduce una enorme distorsión en el análisis. Ha contribuido a ello el renacimiento de la leyenda negra española al otro lado del océano, alimentado por movimientos sociales de dudosa capacidad de discernimiento. Esta leyenda ha cruzado el charco y ha calado en ciertos sectores de nuestra población, que la repiten como un mantra. Les tiene sin cuidado la búsqueda de la verdad, pues para atacar al oponente ideológico sistemáticamente hacen uso de este argumento sin haberlo contrastado.

En el 2022, sumidos en una crisis mundial sin precedentes, con una guerra en Europa, una inflación galopante y el aumento del coste de la energía, y afectados todavía por las secuelas de una pandemia, el presidente del Gobierno sacó a relucir, en el último debate sobre el estado de la nación, el asunto de la Guerra Civil y el dictador. Y eso no fue todo, porque llegó a decir: «Tenemos que estar en el lado correcto de la historia». Todavía no he salido de mi asombro. He aquí otro ejemplo de los bochornosos mensajes que se emiten desde las instituciones.

Nos encontramos ante la causa principal de que el estudio del pasado no ocupe un espacio fundamental y se haya convertido en un relato de «buenos y malos». Que un presidente del Gobierno conciba que hay un lado correcto o incorrecto de la historia y se ampare en sucesos remotos define la magnitud de la calamidad. Este es uno de los patrones que explican, en parte, la obsesión por denostar la historia que tenemos en común, cuando debería ser un factor de cohesión.

Abro ahora un paréntesis para que comprendas por qué he iniciado el libro con referencias al origen del planeta y a la aparición del hombre. Si hemos asimilado el coste de tiempo que ha supuesto llegar hasta donde estamos, observaremos estos atentados contra la historia con nuevos ojos y comprenderemos por qué debemos actuar para intentar cambiar el rumbo, cada uno desde su mayor o menor capacidad de influencia. ¿Qué soluciones podemos aportar?

Lo primero que quisiera señalar es que nuestra percepción del problema podría estar distorsionada. Vivimos tiempos en los que el ruido de las minorías puede distraernos a la hora de examinar la realidad. Estas corrientes, a menudo residuales pese a su estridencia, hacen que las mayorías dejen de ser conscientes de su superioridad numérica y que las minorías tengan la falsa sensación de que su peculiaridad goza de un seguimiento multitudinario.

Además, tradicionalmente las mayorías están muy polarizadas en España, aunque esta anomalía está cobrando fuerza en todas las sociedades occidentales. Tenemos el ejemplo de Estados Unidos, cuya sociedad está partida en dos. Allí han visto cómo una turba de fanáticos, guiada por un personaje que parece extraído de la ciencia ficción, asaltaba el Congreso, algo impropio de una democracia sólida.

Tenemos también el caso del Reino Unido, que ha abandonado la Unión Europea tras un referéndum que se sacó de la chistera otro líder de tebeo con una argumentación tan primitiva como demagógica. El fin de la pertenencia británica a la Unión Europea, refrendado pese a contar con un apoyo de poco más del cincuenta por ciento, ha golpeado el proyecto europeo, que, aun así, seguirá adelante.

Los frecuentes ejemplos de polarización y de intransigencia de una mitad hacia la otra deberían hacernos reflexionar sobre sus causas y efectos. En Occidente, el caldo de cultivo de la polarización se nutre de dos elementos fundamentales: la falta de criterio y, como consecuencia, el resurgimiento del nacionalismo. De hecho, los episodios de Estados Unidos y del Reino Unido tienen un claro origen nacionalista, ideología que escarba en la ignorancia e inseguridad de las personas y que se ha convertido en una plaga desde el siglo XIX hasta nuestros días.

Respeto las minorías y las considero imprescindibles para el desarrollo de una sociedad. ¿Quién no se ha sentido alguna vez parte de una minoría? El problema aparece cuando esos grupos, mediante la «dictadura de la minoría», pretenden marcar el ritmo del conjunto. Cada día soy testigo de este efecto, por el que no estoy dispuesto a transigir. Podría mencionar varios ejemplos, pero no es necesario; basta con darse una vuelta por las redes sociales. Además, entraría en terrenos pantanosos, y debo ceñirme a nuestro tema (puedes llamarlo «autocensura» si lo deseas).

A pesar de las dificultades a las que se enfrenta el tratamiento de nuestra historia, creo y confío en que hay una mayoría silenciosa que contempla estos hechos con pasmo. Es este grupo el que debe hacer oír su voz, a través de los numerosos medios a su alcance, con el fin de demostrar que posee con creces el poso cultural y la madurez necesarios para abordar la historia de manera sensata y coherente. Dirás, con razón, que ya era hora de lanzar un mensaje positivo entre tanta zozobra.

A la hora de divulgar el pasado de España podemos encontrarnos con otro escollo importante: la tentación de apropiárnoslo. Se comete el mismo disparate denostando los hechos históricos que construyendo fantasías con ellos. Este último error es muy común entre algunos divulgadores que confunden la difusión con la propaganda. Convierten ciertos acontecimientos en relatos míticos sin detenerse a analizar sus causas y efectos. Se sienten españoles de primera por el simple hecho de ensalzar nuestra historia y sus protagonistas.

Tenemos la obligación de rescatar, respetar y transmitir los hechos del pasado; es un ejercicio de responsabilidad individual. Debemos valorar los acontecimientos protagonizados por españoles y disfrutar de ellos sin complejos. De este modo nos aproximaremos a nuestros ancestros y nos sentiremos partícipes de sus proezas. Sin embargo, permíteme recordar que estos hechos incluyen tanto las buenas acciones como las regulares y las malas; estas últimas también forman parte de la herencia que recibimos.

Es característica común de algunos divulgadores de nuestra historia arrojar sus conocimientos a la cara de quien no ha tenido la oportunidad de conocer su pasado, como si su ignorancia fuese algo voluntario y no el resultado de una mala formación educativa. Comienzan sus exposiciones con una diatriba, lo que no solo aleja al que no sabe, sino que hace que este se parapete detrás de su muro. Un muro que seguirá creciendo con los ladrillos de la ignorancia.

Durante el tiempo que he dedicado a publicar audios, he comprobado que si la tarea de difusión se hace con alma y pedagogía y se dan los pasos correctos, las personas que desconocen su pasado terminan por acercarse picadas por la curiosidad, se convierten en auténticos valedores de un patrimonio que les pertenece y disfrutan transmitiéndolo a sus allegados. Esta es la diferencia entre crear un detractor o un divulgador de la historia. Todo depende de la forma y el tono que esas personas encuentren en su primer contacto con la materia.

Al hilo de lo anterior, aunque cada uno es libre de expresarse como crea oportuno, con el tiempo he decidido evitar el uso de la palabra *orgullo* para referirme a mis sentimientos sobre nuestra historia. Primero, por su relación con la arrogancia y la superioridad de algunos; segundo, porque no todo son virtudes en nuestro pasado, como sucede con cualquier país. Puede parecer una cuestión de semántica, pero creo que va mucho más allá. Debo confesarte que yo mismo expresaba mi orgullo de ser español en las primeras fases de mi aventura divulgadora. No es ningún pecado, pero la reflexión me ha hecho cambiar algunas maneras en mi discurso. Cuando se rema contra corriente hay que cuidar con mimo los pequeños detalles. Como ya llevamos juntos un buen tramo de lectura, estoy seguro de que has comprendido adónde quiero llegar.

Estas reflexiones no son producto de una ocurrencia, sino de mucho tiempo observando las reacciones de quienes se acercan a la historia a través de mis audios. En ellos han descubierto su propio pasado y han quedado encandilados ante el aluvión de acontecimientos que jalonan la historia de España desde sus orígenes. Una historia en la que no solo encuentran hazañas, batallas, descubrimientos y conquistas, sino también arte, ciencia, humanidad, espíritu de superación y ejemplaridad. A través del pódcast, he recibido el agradecimiento de muchísimos seguidores por haberles descubierto nuestro pasado fenicio, la vida de

Catalina de Aragón, el fiasco de la Primera República o la catástrofe de Annual.

La degradación de la enseñanza de la historia de España ha suscitado la reacción de un gran sector social, en el que me incluyo. Pero ni los relatos desaforados ni las épicas histéricas hacen que la historia de nuestro país resulte más atractiva. El objetivo es conseguir que quienes se acercan a la historia de España comprendan, con racionalidad, que también les pertenece y les concierne. Que conociéndola y respetándola aumentarán su riqueza interior y su autoestima.

Por lo que he comprobado, los resultados son fulminantes. Personas que nunca se habían planteado indagar en su historia se enganchan al pódcast y se apresuran a ampliar sus conocimientos con libros y búsquedas en internet. Cuando esto ocurre, siento que estoy siendo efectivo sumando nuevos «cómplices» a mi empresa.

El estrecho contacto con los oyentes ha acentuado mi sentimiento de pertenencia a todo lo español, después de mi condición de ser humano. En mi evolución personal y vital, mis primeros recuerdos se circunscriben al ámbito de mi familia y de mi patria. Sí, he dicho *patria*. Las enseñanzas de mis padres, de mis profesores y de la sociedad que me ha arropado han sido las primeras y las más importantes. Ese aprendizaje ha modelado mis hábitos con costumbres españolas (ni mejores ni peores que las de un húngaro) y me ha llevado a entender mi dimensión como ser humano.

Volvamos ahora sobre la pregunta que formulamos unas páginas atrás a propósito de los problemas que entraña la divulgación de la historia de España: ¿qué soluciones podemos aportar?

Creo que las grandes soluciones pasan por la escuela y la familia, donde los individuos adquirimos un aprendizaje que marcará el resto de nuestra vida. La función de padres y maestros es trascendental e indispensable para dar el primer paso.

Pero si lo que quieres es aportar soluciones rápidas, te recomiendo que elijas una vía práctica como la que yo mismo estoy llevando a cabo con los audios y, ahora, con este libro. Debes compartir tus experiencias personales haciendo uso del medio de expresión que más se ajuste a tus habilidades (todos tenemos un «superpoder», como ya he dicho) o tengas más a mano. Puedes hacerlo charlando en una cafetería con unos amigos o en casa con tus hijos, manteniendo un blog, colaborando en organizaciones culturales, grabando un pódcast o escribiendo un libro. La suma de muchas complicidades nos acercará al objetivo.

El mundo que hoy conocemos sería muy diferente sin la existencia de España. Cuando analizo nuestra historia, compruebo que muy pocos países han influido tan positivamente en el avance del mundo como el nuestro. Podemos identificarnos con los hechos del pasado, pero no olvides que los protagonizaron otros y que no todos fueron positivos.

Nuestro verdadero protagonismo tendremos que forjarlo mediante obras concretas, como hicieron nuestros antepasados. Si podemos realizar alguna proeza, pues adelante, pero educar a nuestros hijos en el respeto, reciclar los desechos o implicarnos en el trabajo diario ya son ejemplos que nos convierten en protagonistas de hazañas anónimas. Por pequeñas que nos parezcan nuestras acciones, pueden cambiar el futuro. De nosotros depende que esos actos sean beneficiosos para las generaciones venideras.

La huella imborrable

Hace unas semanas, un oyente chileno me preguntaba por qué tantos españoles tienen interés en la integración cultural con una Hispanoamérica empobrecida cuya población rechaza los vínculos con España. La respuesta que le di fue rápida y diáfana: «Por la responsabilidad de preservar la herencia». Lo entendió enseguida y me dijo que él asumía también esa responsabilidad como suya. Es la reacción más frecuente cuando intercambio pareceres con los hermanos del otro lado del océano. Qué alivio.

Cuando calibramos la huella dejada por España en el mundo, debemos estudiar sobre todo su influencia cultural. Si tuviera que destacar un hecho, sin dudarlo elegiría la perpetuación de la lengua española entre cientos de millones de hablantes.

Un estudio realizado por el Instituto Cervantes en el 2021 revela que 493 millones de personas tenemos el español como lengua materna. Por supuesto, el número crece cuando sumamos todos los habitantes del mundo que hablan español además de su lengua nativa. Nos encontramos entonces con que 591 millones de seres humanos (el 7,5 % de la población mundial) hablan español. Es la segunda lengua materna del mundo, solo superada por el chino mandarín, y la tercera en cuanto al número total de hablantes, después del inglés y del chino mandarín.

Según las proyecciones de este mismo estudio, el número de hispanohablantes seguirá creciendo durante los próximos cincuenta años y en el 2060 Estados Unidos será el segundo país de habla hispana del mundo, después de México. Tengamos en cuenta que en el 2021 más de 24 millones de personas estudiaron español como lengua extranjera. Datos reales y objetivos sobre la huella hispana en el mundo que deberíamos divulgar y disfrutar como un nexo con habitantes de países remotos.

No sé tú, pero yo, siempre que busco vídeos o textos en las plataformas de internet, me topo constantemente con contenidos en español que no han sido creados en España. Cuando se trata de artículos, es difícil detectar el origen del autor, del que solo sé que utiliza mi idioma. También me ocurre con los pódcast, algunos elaborados en Hispanoamérica, que escucho con placer. Y qué decir de los miles de seguidores de *Memorias de un tambor* que escuchan los audios desde América. De ellos recibo constantes y cariñosos correos que me proporcionan uno de los mayores estímulos para continuar mi labor.

Con la expansión de internet, esta enorme comunidad hispanohablante nos brinda unas posibilidades colosales y una riqueza cultural de las que no siempre somos conscientes. Un patrimonio que debemos agradecer al grumete de la *Santa María* por pisar las arenas del Caribe en 1492.

Como puedes ver, empleo al «grumete de la *Santa María*» como elemento simbólico, pues la *Santa María* llevaba en su viaje del descubrimiento a dos grumetes: el vasco Martín de Urtubia y el andaluz Pedro de Lepe. Ambos murieron en el fuerte Navidad, que se construyó con los restos de la carabela *Santa María* y fue el primer asentamiento español en América. Valga la anécdota como pequeño homenaje a quienes participaron en esas expediciones.

Aprovechando el paso por el tema lingüístico, me parece importante aclarar la diferencia entre los términos *castellano* y *español*. Siempre que me surge una duda de esta índole, acudo a la Real Academia Española. El *Diccionario panhispánico de dudas* dice que «son válidos ambos términos», pero que «resulta más recomendable por carecer de ambigüedad» el uso de *español*. Se prefiere «reservar el término *castellano* para referirse al dialecto románico nacido en el Reino de Castilla durante la Edad Media, o al dialecto del español que se habla actualmente en esta región». También se emplea la palabra *castellano* cuando «se alude a la lengua común del Estado, en relación con otras lenguas cooficiales».

Si continuamos analizando la huella española, por delante del idioma figura el *mestizaje* («mezcla de culturas distintas, que dan origen a una nueva»). Los españoles que llegaron a América se mezclaron desde el primer momento con las nativas. Ante el impulso natural, no importaba si el hombre había dejado esposa en España, pues el adulterio masculino era una costumbre muy arraigada y aceptada. En aquella sociedad que abandonaba la Edad Media para entrar poco a poco en el Renacimiento, la mujer apenas disfrutaba de los más elementales derechos. Tampoco podemos olvidar que, durante las primeras etapas del descubrimiento, muchas mujeres indígenas eran ofrecidas a aquellos «semidioses». Sin embargo, la razón fundamental de esta mezcla es la ausencia de prejuicios raciales, a diferencia de lo que ocurrió en el proceso conquistador del resto de las potencias europeas. Este aspecto deberíamos grabarlo a fuego en nuestra mente.

Muy pronto, en 1503, la reina Isabel I autorizó los matrimonios mixtos entre españoles e indígenas. Esta norma fue legitimada por la Real Cédula de 1514, firmada por los Reyes Católicos, en la que se reconocía a los nativos como vasallos libres con los mismos derechos que los españoles. Un hecho impensable en las colonizaciones que, por ejemplo, llevó a cabo Inglaterra.

Una muestra de la indeleble huella del mestizaje que hermanó a españoles e indígenas son los apellidos de origen español, predominantes en cualquier país hispanoamericano.

En cuanto a la impronta cultural, podemos revisar los centros de enseñanza de la época. En contra de lo que últimamente oímos de boca de los empeñados en retorcer el pasado, la educación se diseñó para que estuviera al alcance de españoles, nativos y criollos. Entre América y Filipinas, se fundaron cerca de treinta universidades y veinte colegios virreinales abiertos a toda la población.

Podemos seguir enumerando muestras de la huella española en aquellas sociedades, las cuales se encontraban en un proceso muy atrasado de la evolución. No olvidemos el tratamiento de los metales, las técnicas de navegación o los avances médicos, que muy rápidamente asimilaron los «indios», como pronto se les comenzó a llamar, pues los primeros exploradores creían que habían llegado a las Indias. Fue una auténtica revolución cultural la que los españoles llevaron a América. Y debemos reservar un espacio muy especial a la introducción de la escritura fonética, que tampoco era conocida por los nativos.

No voy a abrumarte con más datos, pues este libro solo pretende marcar unas líneas generales en torno a ciertas realidades contrastadas. Todas las referencias están extraídas de los audios que he ido publicando en el pódcast, que te invito a escuchar si quieres profundizar en algún asunto, pues he estimado conveniente no extenderme aquí con más documentación de la necesaria. La expansión del idioma español, el mestizaje y la integración racial son realidades más que suficientes para calibrar la huella de España en Hispanoamérica.

Es muy común, cuando los españoles nos miramos al espejo, que aparezcan sombras oscureciendo la imagen de nuestro pasado. La asunción de la funesta leyenda negra, que nos acompaña desde la crisis del 98, nos ha arrastrado a la cuneta de la autoestima. Parece que debamos resignarnos a convivir con aquellos complejos.

Por si esto fuera poco, soportamos la enorme losa de la Guerra Civil, probablemente el acontecimiento más siniestro e indecente de toda nuestra historia. Una confrontación cuyos protagonistas intentaron enterrarla y sobre la que, sin embargo, asistimos a un continuo manoseo. Han transcurrido más de ochenta años —ya no quedan testigos vivos que puedan defender la verdad—, pero hoy se sigue legislando sobre aquel desastre en nombre de la «memoria». De nuevo, el cuento de los buenos y los malos.

Lo preocupante es que somos nosotros mismos los que estamos alimentando esa nefasta perspectiva. La profusión de ataques contra nuestra propia historia, a cargo de elementos nacionales más o menos minoritarios que rayan en la paranoia, puede llegar a suscitar dudas en la mayoría. Para contradecir esta visión, podemos esgrimir que hoy España es una potencia económica a escala global y el undécimo país con mayor influencia (según el *Global Soft Power Index 2022* de Brand Finance). Esta última clasificación se debe, en buena parte, a los vínculos con América forjados a través de los siglos.

Al valorar qué es lo que ha aportado España al resto del mundo, no se puede perder el tiempo en análisis fuera de contexto, ni manejar la historia desde puntos de vista sesgados. Debemos buscar las transformaciones que provocaron aquellos hechos, muchas de las cuales se mantienen todavía en las sociedades hispanoamericanas. «Obras son amores, que no buenas razones», nos dice el conocido refrán popular.

La huella de España es tan profunda que hoy nuestro país recibe decenas de miles de inmigrantes cuya adaptación es muy sencilla debido al idioma y a las afinidades culturales heredadas. Por otro lado, es maravilloso bajarnos de un vuelo en cualquier destino americano y hablar el mismo idioma con el taxista que nos lleva al hotel. Lo mismo nos puede ocurrir en infinidad de lugares del mundo donde es difícil no dar con alguien que, con mayor o menor fluidez, hable español. Que 591 millones de seres humanos compartamos la lengua del grumete de la carabela *Santa María* es un dato pasmoso a la par que muy revelador. Todo ello es fruto de la estela que dejaron muchos hispanos antes que nosotros.

Las lenguas son importantes porque, disculpa la obviedad, sirven para entendernos. En un mundo cada vez más intercomunicado, donde todos hemos aceptado el inglés como idioma vehicular, es un lujo añadir el español como lengua complementaria al lado del chino o del francés. Los idiomas unen a las personas, por eso deben preservarse sin excepción, por insignificantes que parezcan.

Esta herencia lingüística viene acompañada de una huella cultural, aunque en este punto comienzan a surgir desavenencias. La «sociedad de los teléfonos móviles» está viviendo un gran avance tecnológico, pero a costa de una recesión cultural. Una depresión muy bien aprovechada por los populismos, sobre todo en Iberoamérica, donde no dudan en intentar borrar lo que nos une mediante razonamientos vacuos y demagógicos. La victimización de los indígenas, que supuestamente sufrieron un expolio y un genocidio por parte de los españoles, es el argumento por bandera. Es muy curioso observar que tras la independencia de los países hispanoamericanos en el siglo XIX, fueron los criollos, nuevos ciudadanos libres, los que emprendieron medidas para aislar y discriminar a la población indígena. Son los descendientes de aquellos criollos los que, ignorando deliberadamente su herencia, se suben hoy a los estrados para culpar a España. Huelga decir que saben muy bien a quién dirigen su mensaje.

Los discursos de algunos dirigentes hispanoamericanos rezuman manipulación y búsqueda indiscriminada de réditos políticos. Qué mejor argucia que inventar un enemigo común para que, una vez terminado el mitin, algún indocumentado se abalance de forma furibunda contra la estatua de este o aquel explorador o fraile español. Como ya es sabido, la «búsqueda de un enemigo» es la primera lección del manual de demagogia. Este empeño en borrar las huellas nos hace a todos más pobres y, lo que es más dramático, nos hunde un palmo más en el agujero de la ignorancia.

En lo que a la construcción de lazos con sus provincias se refiere, España ocupa un lugar de privilegio si se la compara con otras potencias europeas. No olvidemos que los territorios descubiertos pasaron a ser provincias del Imperio español, no meras colonias. A cada nueva demarcación territorial incluso se le otorgó la categoría de virreinato.

Los virreyes y los jefes provinciales eran una extensión del monarca hispano. Esta característica, propia del Imperio español, condujo a la inclusión de todos los habitantes de los nuevos territorios, también los nativos, que pasaron a estar sometidos a una misma legislación. Tal circunstancia contribuyó a una mejor gobernabilidad y promovió el sentimiento de pertenencia a una raíz común. Este aspecto hace única la expansión de la monarquía hispánica.

Como comentábamos al hablar de las «gafas de la época», no podemos comparar el sentido de la palabra *inclusión* en el siglo XVI con el que tiene en la actualidad. Sí podemos comparar la incorporación de la población nativa y criolla al sistema que desarrolló España con la casi inexistente cesión de derechos otorgada por otras potencias europeas. No es mi objetivo organizar una competición entre unos y otros; sé muy bien, por mi experiencia manejando datos, que no hay la más mínima semejanza entre las políticas de España y del resto de los países. Un hecho patente que ignoran o dejan de lado aquellos que intentan caricaturizar nuestra historia.

Ya hemos dicho que uno de los aspectos más destacados del concepto de «huella» es que también comprende los hechos negativos. Entre ellos podemos nombrar la esclavitud, la mortandad causada por la transmisión de nuevas enfermedades o la conquista violenta de pueblos mucho menos evolucionados. De estos hechos hablaremos más adelante, porque, al formar parte de la herencia y de la huella, merecen una interpretación sensata y objetiva. Por otro lado, el descubrimiento de América también supuso un intercambio. A Europa llegaron nuevos productos, materias primas y metales preciosos que pusieron los mercados patas arriba.

Hoy se puede constatar que, a pesar del lógico coste del descubrimiento del Nuevo Mundo para sus habitantes, la presencia española en gran parte del globo se tradujo en un avance de miles de años para los pueblos conquistados. La expansión de España incluso se conoce como la «primera globalización» por su peculiar carácter integrador. El descubrimiento de un nuevo continente y la primera vuelta al mundo hacen de España un país pionero en el conocimiento global de la Tierra. Ese viejo planeta que fue un mar de lava por fin iba a ser explorado y cartografiado gracias a nuestra nación. Podemos decir con certeza que España ha dejado huella en la humanidad.

Te invito a reflexionar, si no lo has hecho ya, sobre lo que debió de significar para un español del siglo XV aquel panorama: paisajes exuberantes, frutos y animales desconocidos y aquella especie de amor libre. Enfrente, la visión de los indígenas: extraños hombres a lomos de caballos, armaduras relucientes, armas de pólvora y grandes barcos. Ahora, intenta ponerte en el lugar de unos y otros. El impacto mutuo debió de ser indescriptible.

Me he centrado en la huella española en América porque es sin duda la más poderosa, aunque podría haberla extendido a otros puntos del mundo.

No pretendo echar agua al vino, pero no perdamos la perspectiva. El motor de los descubrimientos fue el afán de los exploradores por alcanzar un mejor nivel de vida, si bien es cierto que el objetivo de cristianizar los nuevos territorios añadió un extraordinario tinte espiritual a la empresa. Aquellas personas, sin saberlo, iban a cambiar el mundo conocido dejando una impronta imborrable. Nosotros somos sus herederos. No es mérito nuestro, sino de ellos, pero no olvides que quizá tú y yo también nos habríamos embarcado en una carabela. Es cuestión de la época y las circunstancias que nos tocan vivir. Por eso debemos sentirnos partícipes de cualquier huella que hayan dejado nuestros antepasados e intentar dejar la nuestra, por leve que sea.

Una mirada desde dentro

Para cerrar esta tercera parte, he creído conveniente situarnos en el momento actual para ofrecer una visión general de la España de hoy. Aparte de los inevitables matices personales, la siguiente descripción se basa en la experiencia y las sensaciones que he acumulado gracias al contacto con los oyentes de *Memorias de un tambor.* Es el mejor termómetro y un buen preámbulo a la historia de España propiamente dicha.

Hay una frase que siempre tengo presente: «Existen tres formas de definirnos: cómo nos vemos, cómo nos ven los demás y cómo somos en realidad». Trasladando esta perspectiva de lo personal a la visión de España, podríamos imaginar la respuesta a la pregunta de cómo nos ven los demás, pero nunca acertaríamos. Y no digamos ya si intentamos averiguar cómo somos en realidad. Por tanto, trataré de responder a la pregunta de cómo nos vemos nosotros mismos, siempre desde un prisma particular.

Tenemos que ser muy conscientes de que la subjetividad condiciona cualquier análisis, sobre todo si hablamos de conceptos tan intangibles como la historia y la herencia. He decidido comenzar ofreciendo mi percepción del estado actual de los símbolos nacionales. A través de esta visión, nos acercaremos a otros aspectos colaterales.

Es un tema muy significativo, porque muestra los rasgos más importantes de una nación. Los símbolos son los elementos u objetos que representan a un grupo de personas de una misma condición. Los símbolos oficiales del Estado español, como puedes suponer, son la bandera, el escudo y el himno. Vamos a hacer una breve descripción, puramente didáctica, antes de ahondar en los detalles.

La actual bandera «roja y amarilla», como la define la Constitución, tiene su origen en el siglo XVIII, en tiempos de Carlos III. Con el propósito de evitar confusiones en alta mar, el rey encargó el diseño de una nueva bandera para la Armada cuyos colores se distinguieran fácilmente de los de las flotas extranjeras. En 1785 se aprueba un diseño con tres franjas: una roja en la parte superior, otra idéntica en la parte inferior y una amarilla en el medio, el doble de gruesa que las rojas. El uso de esta bandera, al principio limitado a los mares, se irá extendiendo poco a poco, hasta que en 1843, bajo el reinado de Isabel II, se aprueba el modelo rojigualdo en todas las banderas del Ejército, lo que marca su reconocimiento como símbolo nacional.

En la bandera ondea el escudo, aprobado en 1981. Lo más visible es la representación de cuatro reinos históricos de España: Castilla, León, Navarra y Aragón. También podemos encontrar, en el centro, el emblema de la Casa de Borbón-Anjou: tres flores de lis. En la zona inferior se sitúa el escudo de armas del Reino de Granada, mientras que en la parte superior hay una gran corona que alude al Reino de España. En los laterales aparece una representación de las columnas de Hércules, elementos mitológicos que simbolizan el estrecho de Gibraltar. Sobre ellas se puede leer la inscripción *Plus Ultra*, «más allá». Estas columnas ya se representaban en la antigua cultura griega, pero en su caso con las palabras *Non Plus Ultra*, «nada más allá», pues se creía que más allá de aquellas costas la tierra terminaba y se encontraba el fin del mundo.

El himno nacional tiene su origen en la *Marcha granadera*, de autor anónimo y contenida en el *Libro de Ordenanza de los toques militares de la Infantería Española* de 1761, donde se denomina *Marcha militar española*. Esta pieza musical, que data de tiempos de Carlos III (concretamente, de 1770), no fue elegida como himno nacional por decisión del rey, sino por su gran popularidad entre los ciudadanos. La bautizaron con el nombre de *Marcha Real* y desde 1997 es el himno oficial. Para comenzar, vamos a poner el foco en este símbolo. Me parece que es una buena forma de entrar en materia.

¿Sabías que España es uno de los tres únicos países cuyo himno no tiene letra? Sobre este hecho he recibido muchas consultas y opiniones de los oyentes del pódcast. En la mayoría de los casos, he detectado su desencanto por la ausencia de letra; también una necesidad individual de sentirse unidos al grupo mediante el canto de un himno. Al fin y al cabo, los símbolos son para eso.

Estos oyentes echan en falta una letra quizá por comparación con otros países cuyos himnos nos son muy familiares. *La Marsellesa* es un claro ejemplo. Ciertamente, la solemnidad y la emoción que transmiten los himnos cantados no tienen parangón. Además, promueven la identificación patriótica y nacional, cosa que a algunos nos puede agradar en ciertos momentos. El problema es que estas canciones pueden llegar a «hechizar» a las personas y sumirlas en un estado de exaltación tribal.

Lo primero que debemos entender al analizar el himno español es que no es un himno como tal, sino una marcha. Este tipo de piezas musicales se caracterizan por un ritmo y una cadencia que faciliten el desfile y que las tropas conserven la formación bajo el fuego enemigo. Todos recordamos alguna película en la que largas filas de soldados marchan lentamente tras sus banderas, en silencio, acompañados de una música instrumental de flautas y redobles de tambor. Estas imágenes se corresponden con el ejercicio de la guerra durante el siglo XVIII, época de la que data nuestro himno.

No sé si sabías que el himno español es el segundo himno oficial más antiguo del mundo, solo por detrás del británico (que, curiosamente, es de origen francés). El caso es que la mayoría de los himnos nacionales fueron compuestos durante el siglo XIX, cuando estaba en su apogeo el Romanticismo, un movimiento caracterizado por la exaltación de los nacionalismos. De ahí que las melodías se inspirasen en canciones revolucionarias como *La Marsellesa*.

¿Necesita el himno español una letra? A lo largo del tiempo se ha intentado consensuar un texto, pero no olvidemos que fue en el siglo XIX cuando se establecieron la mayoría de los himnos nacionales, y precisamente en ese siglo los españoles estábamos muy ocupados en destruirnos unos a otros. Un empeño que se llevaría a término, por fin, en 1936.

El advenimiento de la Transición tras la dictadura del general Franco era el momento idóneo para pactar un texto que acompañase a la *Marcha Real*, pero se dejó pasar la oportunidad. Debemos tener presente que desde 1979, el año de las primeras elecciones constitucionales, la influencia de los partidos nacionalistas ha ido creciendo hasta convertirse en el gran lastre de la democracia. Un sistema electoral absurdo y desproporcionado regaló a estos grupos minoritarios una representación injusta pero determinante, hasta el punto de hacerlos esenciales para la estabilidad del Gobierno, elección tras elección. Y así continuamos hoy en día, con una mayoría de españoles sometidos a un auténtico secuestro político, sin que los partidos mayoritarios se atrevan a solucionar este grave problema.

El chantaje de los partidos nacionalistas llevó a la entrega suicida de competencias propias del Estado, lo que no tardó en inocular la xenofobia contra los españoles en las escuelas de las comunidades históricas. Su primer paso fue un victimismo histriónico que pronto dio paso a la histeria colectiva. En estos territorios se han modelado, y se siguen modelando, generaciones enteras al antojo de una charanga de iluminados que propagan con éxito la idea de que el lugar de nacimiento te hace mejor que tus vecinos de cincuenta kilómetros más allá. Y, lo peor de todo, sus argumentos se basan en invenciones decimonónicas potenciadas por supuestas agresiones del Estado. Todo esto, como no podía ser de otra manera, se salió de madre. El resultado lo sufrimos hoy en forma de maníacos rebosantes de odio contra un supuesto enemigo español.

El nacionalismo es decisivo para aprobar cada una de las normas que rigen la vida de la gran mayoría de los españoles. De nuevo hace acto de presencia la dictadura de las minorías. Es tal la gravedad del asunto que actualmente tenemos un Gobierno que se apoya en los votos de los sucesores del terrorismo vasco (aquellos que miraban al cielo, silbando, mientras se asesinaban bebés en sus cunas, incluso los que llegaron a empuñar armas y dispararlas) para sacar adelante leyes que nos afectan a todos. ¿Crees que los partidos nacionalistas facilitarán la creación de una letra para el himno nacional de su «enemigo» español?

Sin embargo, aunque en esta cuestión se prescindiera del nacionalismo, la cantinela de «las izquierdas y las derechas irreconciliables» ha polarizado nuestra sociedad. Estos grupos, del bando que sea, nutridos por los individuos más alejados de la solución del problema, los menos inteligentes, son los que don Miguel de Unamuno denominaba certeramente «los hunos y los hotros». Sinceramente, creo que es hora de empezar a ignorarlos, incluso de deshacernos de ellos intelectualmente. Pero necesitamos más adeptos del sentido común. Es muy probable que esta sea una de mis motivaciones para escribir este libro.

A tenor de lo que me transmiten mis amigos oyentes, estoy convencido de que si las fuerzas políticas mayoritarias pactaran una letra para el himno y esta se sometiera a referéndum, sería aplastantemente aceptada. Pero nadie se atreve a presentar tal proyecto. Saben que tendría que pasar el filtro de la jauría de las redes sociales y de unas tertulias mediáticas plagadas de «informadores» que no dudarían en lanzar una soflama a cambio de un plato de lentejas. De nuevo, los prescindibles pero ruidosos «hunos y hotros». En suma, sería demasiado desgaste para cualquier Gobierno.

En todo caso, no debería ser ningún drama que el himno de España no tenga letra, porque es una marcha del siglo XVIII. Incluso podríamos presumir de su singularidad, así como de su antigüedad. También se puede argumentar que así nos ahorramos que nuestros niños tengan que cantar un himno anacrónico con un texto violento y sanguinario como el francés, el italiano, el mexicano, el portugués o el catalán, por nombrar ejemplos cercanos. Porque si profundizamos en los contenidos que se esconden tras algunas de esas letras, no sé si dan miedo, sonrojo o ambas cosas. El problema es que nuestro himno no tiene letra porque no hemos sido capaces, en casi dos siglos, de llegar a un acuerdo.

Para terminar con el asunto del himno, no podemos dejar pasar el bochorno de tener que soportar las faltas de respeto de que es objeto. Es ya costumbre, incluso en actos oficiales, que algunos botarates se retiren cuando comienzan sus acordes, o que miles de seres imperfectos se pongan a silbar desde las gradas de los estadios de fútbol mientras suenan sus notas. Igual de lamentable es el comportamiento de quienes, desde las mismas gradas, hacen lo mismo cuando oyen el himno de otro país. En cualquiera de sus formas, las faltas de respeto a este o a cualquier otro símbolo me producen la peor de las sensaciones: vergüenza ajena.

Cambiemos de símbolo y centrémonos en la bandera, cuyas características hemos repasado anteriormente. La bandera española, como cualquier otra de carácter estatal, representa a todos los ciudadanos del país. Y me atrevería a decir que, en nuestro caso, también a los hispanos de diferentes países. Es un símbolo conciliador que cualquier persona nacida en España debería llevar en su corazón. La bandera nos reconforta, especialmente cuando estamos en un país lejano.

Esa bandera que ondea, o, mejor dicho, que debería ondear, a las puertas de cualquier colegio público es la misma que no arriaron en Trafalgar nuestros marinos, aferrándose a ella hasta agotar sus fuerzas y sus vidas. La misma que tienen colgada nuestros emigrantes en la principal pared de sus locales a lo largo y ancho del mundo. Es la que, durante las campañas de África, los soldados españoles llevaban en la mochila; con ella eran enterrados cuando morían. La que ondeó por las calles de toda España cuando la selección de fútbol ganó el Mundial. O la que, en forma de pequeños banderines, engalana las calles de nuestros pueblos durante sus fiestas mayores.

La bandera de cualquier país es sagrada, aunque sea nuestro enemigo. Este símbolo, en mi opinión, es tanto más honorable cuanto más extensa y profunda es la historia de la nación a la que representa, porque su carga de pasado y, por tanto, la herencia que transmite, es mayor. En este sentido, muy pocas banderas del mundo pueden estar a la altura de la española.

La bandera española, al igual que el himno, ha sido objeto de controversia y manipulaciones durante las últimas décadas. Su uso en los actos de diferentes partidos políticos ha abierto un debate que no se le escapa a nadie. En período electoral no es raro verla presidiendo un escenario, a menudo por puro interés, para obtener un puñado de votos más. Lo que debería ser algo natural, pues todos los partidos son españoles y las elecciones se celebran en nuestro territorio, se convierte en un hecho noticioso.

No nos andemos por las ramas. En la España del siglo XXI, un sector social asocia la bandera nacional con un perfil políticamente conservador, con el ámbito militar, con la monarquía e incluso, en un enorme error de interpretación histórica, con la dictadura. Es innegable que estas asociaciones de ideas se utilizan para manipular los sentimientos de los votantes. Sin embargo, cuando este símbolo se emplea con fines políticos, quienes no simpatizan con el partido en cuestión pueden rechazarla de manera consciente o inconsciente.

Sea como sea, ¿acaso no es ridículo que un ciudadano español no exhiba su bandera en el lugar que estime oportuno por temor a que pueda ofender a alguien? No perdamos de vista que los políticos y los ciudadanos que se deciden a presumir de su bandera han sido empujados a ello tras una larga situación de deterioro de los símbolos y las instituciones. Los sistemáticos desaires, provenientes de las entrañas nacionalistas y de marginales grupos antisistema disfrazados de «nueva política», que sufren los símbolos y las instituciones constitucionales han provocado la reacción de una parte de la ciudadanía. Un sector muy representativo que nuevamente se estaba viendo ninguneado por una minoría.

Llegados a este punto, nos encontramos ante un dilema: por un lado, evitar su apropiación política, para que cualquier español la pueda sentir suya; por otro, reclamar decididamente su honra como símbolo y herencia de todos los españoles, con independencia de su ideología.

Imaginemos que vamos por la calle y vemos una bandera española colgada de una ventana o enlazada al retrovisor de un coche. ¿A qué partido apostarías que vota el dueño de la bandera? Nuestra apuesta estaría clara, lo que nos acerca a la raíz del problema.

Otro ejemplo es la reticencia a utilizar la bandera como elemento de nuestra indumentaria. Vemos a menudo prendas o calzado con banderas de otros países que la gente lleva con absoluta normalidad. La española, por el contrario, apenas aparece en marcas o logotipos y, por lo que he comprobado personalmente, hay cierto reparo o miedo en mostrarla.

Estarás de acuerdo conmigo en que hay mucho trabajo por hacer. La solución es compleja, porque adolecemos de una formación histórica y humanística rigurosa. Gran parte de estos desajustes tienen su origen en una sociedad que oscila entre el narcisismo y la inseguridad. Esto hace que muchos individuos sientan la necesidad de sentirse parte de una «tribu» y se identifiquen con una simbología de taberna, pero no con su bandera nacional. El significado de la enseña nacional es mucho más profundo, por lo que se necesita cierta formación para valorar ese «trozo de tela» como es debido. Tengo la teoría de que hay quienes desprecian los símbolos verdaderos porque se creen inferiores a quienes aprecian su significado. Estas personas llegan a sentirse agredidas por quienes sí conocen el valor de esos símbolos, en lugar de ver una oportunidad para aprender. Por eso se lanzan a buscar nuevas referencias que puedan descifrar, aunque sean invenciones basadas en conceptos básicos, primarios e infantiles. Estos símbolos, con un supuesto origen histórico, casi siempre se utilizan como elemento excluyente. En cualquier caso, estos comportamientos responden a la exigencia autoimpuesta de destacar individualmente. Y si no se puede conseguir como individuo, no hay problema en hacerlo al abrigo de un grupo.

Para comprobarlo, basta con acceder a las redes sociales, donde se constata la proliferación de perfiles anónimos que parasitan cualquier debate y proyectan su escasa formación y carencias emocionales a través de insultos y vejaciones de todo tipo. No es inusual que una persona con claras deficiencias de expresión llame analfabeto a un escritor de prestigio solo porque no coincide con su opinión. Y si no consigue su objetivo, rápidamente acude la manada en su auxilio.

También podemos dar un salto al mundo del fútbol, donde muchos ponen su honra y su prestigio en manos, o en pies, de once privilegiados en pantalón corto. Aquí encontraremos aficionados que se identifican realmente con los supuestos valores que representa su equipo; siempre, por descontado, con los aficionados de los clubes rivales como referencia negativa. De alguna forma, el fútbol acoge los sentimientos más irracionales y los canaliza a través de los colores de una camiseta. Se está convirtiendo, por tanto, en una especie de representación tribal con la que se identifican personas de diferentes comunidades, ciudades o pueblos. En definitiva, esta afición camina desbocada hacia la «catetización», que no viene de *catequesis*, sino de *cateto*.

Podríamos hablar asimismo de la injerencia de la política en el deporte como herramienta del nacionalismo, siempre en busca de mentes frágiles necesitadas del amparo de la masa o de falsas referencias, como ya he comentado.

Parece que quienes entran en estos espacios excluyentes sienten la necesidad irracional de imponerse al otro. Son ámbitos en los que existe un perchero imaginario en el que dejar colgada la inteligencia antes de entrar.

Preguntémonos ahora qué deberían significar los símbolos para una persona formada. Sin lugar a dudas, algo trascendental. Podrías pensar, como yo mismo me he planteado, que tras el análisis que hemos hecho sobre la magnitud del origen de nuestra existencia, una bandera debería importarnos más bien poco. En efecto, una bandera como símbolo diferenciador, exclusivo o reparador de complejos es inútil. Su importancia radica en la información que transmite y en lo que pudo representar para nuestros antecesores.

Existen otros símbolos que podemos situar en el mismo escalón significativo que la bandera. Por ejemplo, la Constitución, la Monarquía, la Iglesia o, si se quiere, la paella. Sí, la paella nos une como lo pueda hacer nuestro monarca, una cruz o el texto de la Constitución. No importa si nos gustan mucho o poco; estos elementos nos identifican porque son portadores de una información invisible que trasciende nuestra insignificante opinión.

En el caso de la cruz, seamos creyentes o no, se trata de un símbolo al que confiaron su existencia, a través de los tiempos, multitud de españoles que hoy no pueden dejarnos su testimonio. Somos nosotros quienes debemos interpretar y respetar su significado. Lo mismo ocurre con la Monarquía, heredera de aquella monarquía hispánica imperial, o con la Constitución, cuyos artículos representan un gran esfuerzo de consenso y concordia tras la dictadura.

Podríamos poner decenas de ejemplos más, pero creo que ya están claros el contenido y la carga emocional que sustenta un símbolo verdadero. La bandera, el himno y el escudo, entre otros, superan cualquier crítica o manipulación porque su invisible contenido nos trasciende.

Siendo muy consciente de los conflictos que han asolado Europa desde el principio de los tiempos, me considero un entusiasta del proyecto de su Unión; algo me dice que lo contrario sería un suicidio. Es posible que, con el paso de los años o de los siglos, el proyecto europeo fracase y la bandera de la Unión Europea y su himno, la *Novena sinfonía* de Beethoven, queden obsoletos o desaparezcan. Por el contrario, puede que estos símbolos se hayan consolidado en la vida normal de todos los europeos, evento que me haría muy feliz. Tanto en un caso como en otro, esa bandera representa el esfuerzo de muchos por crear una nueva Europa bajo un modelo común, más allá de las viejas fronteras. Solo por eso, la bandera europea debería ser respetada y su significado transmitido como parte de nuestra herencia, se consolide o no la Unión.

Volviendo a España, vemos que nuestros propios gobernantes tienen la tentación de arremeter contra los símbolos. Me voy a referir a uno de ellos, muy polémico, que aparece a menudo en los debates políticos y sociales más tediosos. Es solo un ejemplo de los muchos que desnudan a diario nuestro nivel intelectual: la Cruz del Valle de los Caídos.

Este gigantesco monumento, que domina una parte de la sierra de Madrid, representa la victoria de unos españoles sobre otros tras el aborrecible conflicto civil. Nadie puede negar que es una exaltación del nacionalcatolicismo, instaurado por el régimen franquista tras la guerra, además de una conmemoración de las víctimas del bando vencedor. Sin una reflexión madura, lo sencillo sería denostar o atacar este monumento, como hacen en América con las estatuas de los conquistadores españoles.

Abro otro breve paréntesis para preguntarme, una vez más, por qué en América no derriban también las catedrales, los hospitales y las universidades españolas. La respuesta creo que es fácil: la demagogia es incoherente. Además, derribar una estatua o llenarla de pintura se antoja un hecho menos grave y reversible.

Continuando con la cruz, derribarla supondría borrar una página de nuestra historia de manera artificial y ridícula. Por muchas cruces que se echen abajo, escritores que se censuren o leyes que se promulguen para cambiar la memoria, los hechos permanecerán inalterables. A veces parece que algún «caballero andante» quisiera tomarse la revancha de aquella guerra arremetiendo contra «molinos de viento».

Cada vez que me acerco a esta cruz o la veo a lo lejos, me invade una sensación inquietante al pensar en lo sucedido durante aquellos años. En su silueta percibo un colosal monumento a la guerra y a la estupidez humana; como tal, debe permanecer, inamovible, a modo de enseñanza para todos. Es un ejemplo de «herencia negativa» en estado puro, pero igual de valioso como pueda serlo, por ejemplo, el acueducto de Segovia. Esa cruz representa las consecuencias de la guerra y un conflicto civil aterrador. Si el bando perdedor hubiera ganado, existiría un monumento similar que sería una «herencia negativa» igual de relevante.

Insisto en que debemos considerar esa cruz un ejemplo de simbología, al igual que todo aquello que nos transmita información y sentimientos de quienes nos han precedido. Como cualquier otro símbolo, nos permite aprender sobre su significado. En lugar de eliminarla, se deberían fomentar las visitas, sobre todo de escolares. Sin embargo, seguro que nos encontraríamos con el eterno conflicto acerca de los contenidos de las explicaciones y regresaríamos a la casilla de salida. Va a ser complicado resolver el problema, salvo que todos hagamos un gran esfuerzo.

Ahondando en este tema, la modificación de los nombres de calles y plazas, como una práctica propia de sociedades dinámicas que se ajusta a las circunstancias de cada tiempo, tristemente no nos sirve en España. Termina siendo otro punto de colisión entre las diferentes formas de interpretar la misma historia. Aunque no tendría que ser así, soy partidario de eliminar de nuestras calles y plazas cualquier referencia que tenga que ver con la política. Es triste tener que renunciar a la normalidad de pasear por una calle con el nombre de un personaje de este o aquel signo, pero hay que ser realistas; por lo menos, mientras construimos una sociedad madura.

Todos hemos presenciado cómo calles con el nombre de un tirano pasaban a tener el de otro individuo de igual calaña, pero de ideología contraria; todo bajo la excusa de que el sustituto había sido elegido democráticamente. Se comete el error de dar por sentado que alguien designado por las urnas goza de garantía de pureza; ahí tenemos el aciago ejemplo de Hitler.

En la propia España, un Estado moderno de derecho, se constata que en determinados suburbios intelectuales hay todavía mucho camino por recorrer. Así, es muy normal que exista controversia acerca de si se debe honrar con una placa o con el nombre de una calle la memoria de las víctimas del terrorismo de ETA, mientras que en muchas localidades son los asesinos los que disfrutan de estos reconocimientos. Esta repugnante distorsión es asumida como algo inevitable. De hecho, el Estado español ha desaparecido del País Vasco, mientras que en Cataluña ha empezado a hacer las maletas. He aquí el claro ejemplo de dos territorios donde no se ha respetado la herencia acumulada durante siglos. Ese extenso y antiguo bagaje se ha sustituido por una entelequia diseñada para captar mentes poco o nada preparadas.

Sí, así es. Considero que estas sociedades tienen su capacidad de decidir anulada desde su temprano ingreso en la escuela.

Sin embargo, ¿podemos pensar que, por no haber crecido en estos lugares, estamos libres de sufrir los mismos efectos? Desde luego que no. Cualquiera de nosotros está expuesto, no ya al nacionalismo o al populismo, sino a cualquier forma de allanamiento intelectual. También, por supuesto, al nacionalismo español, igual de pernicioso. Nos creemos a salvo, pero en una sociedad con semejante capacidad de generar y propagar contenidos adulterados, todos somos vulnerables.

España sufre deformaciones territoriales que conducen a los gobernantes a situaciones ridículas y vergonzosas por el anhelo de quedar en buen lugar ante su parroquia más fanática. Entre estos teatrillos político-provincianos que solo perjudican al ciudadano de a pie, me viene a la memoria la anulación, allá por el 2000, del Plan Hidrológico Nacional, financiado con fondos europeos. Aquel proyecto pretendía canalizar los excedentes de agua, pero no hubo opción para desarrollarlo ni para consensuar las condiciones de su aplicación. En esencia, la razón fueron los conflictos entre regiones, emanados de la demagogia de políticos incapaces. Tras una serie de argumentos de parvulario, se azuzó a la gente a salir a las calles haciendo uso de esa herramienta tan utilizada en política: la obstrucción de cualquier idea del oponente, por buena que sea.

Si me permites otro inciso, pienso que, salvo en situaciones extraordinarias, hay que tener muy bien identificados a quienes buscan en la calle lo que no les concedieron las urnas. Es una reflexión basada en nuestra historia más reciente.

Las reacciones ante aquel proyecto hidrológico denotaron una alarmante falta de solidaridad entre los españoles. Se echó abajo un proyecto común y moderno con el que se pretendía afrontar uno de los retos más urgentes que tiene España: la gestión del agua. El resultado fue otra herencia negativa que deberán administrar los sucesores de aquella generación incapaz de encontrar una solución al problema. Pero, de nuevo, es una herencia de la que podemos y debemos aprender.

Recuerdo un viaje que hice por Holanda, «tierra de herejes» (si me permites la broma). Allí, un nativo me explicó que una buena parte de sus impuestos se destinaban a la contención del agua y al mantenimiento de los diques. Todavía siento bochorno recordando el «archivo y olvido» de aquel Plan Hidrológico de hace más de veinte años que me llevó a desear haber nacido en Holanda.

Tampoco podemos dejar de lado el retraso, de varios años, en la construcción de la autovía del Este y de la línea ferroviaria de alta velocidad entre Madrid y Valencia. Un nuevo conflicto, también por desavenencias político-vecinales, que repercutió durante largo tiempo en la calidad de vida de muchos ciudadanos.

Podríamos recordar más situaciones incomprensibles causadas por el ya mencionado cóctel populista-nacionalista. Pero solo mencionaré una que se repite cada verano en el País Vasco y en Cataluña. Con este aparentemente insignificante pero demoledor ejemplo pondremos el colofón a este breve análisis del trastorno social que nos afecta.

Me refiero a los desastrosos incendios forestales. Los vemos cada año en ambos territorios: medios de extinción desbordados, poblaciones desalojadas, bosques arrasados y pérdidas incalculables, mientras las autoridades de la Generalitat de Cataluña y del Gobierno vasco rechazan sistemáticamente la ayuda ofrecida por el Estado. Sobre todo, llama la atención el repudio de la Unidad Militar de Emergencias (UME), un cuerpo especializado con amplia experiencia y que se ha convertido en un referente para todos los españoles. El motivo del rechazo, como puedes suponer, es evitar que fuerzas del Ejército español entren oficialmente en aquellos territorios. Se correría el riesgo de que despertaran las mentes adormecidas de los niños y estos constataran que el resto de los españoles no son tan malos. El mensaje de los responsables políticos está claro: prefiero que te abrases antes que renunciar a mi paranoia. Rechazar una ayuda que beneficia directamente a la población no solo es despreciable desde un punto de vista intelectual, sino también moralmente miserable. Una actitud merecedora de consecuencias penales.

Lo más grave es que, como antes comentaba, el Estado español ha regalado su dignidad a cambio de apoyos a las sucesivas legislaturas. Por otro lado, hay una parte de la población que calla y otorga mientras ven el fuego avanzar. Tampoco es sorprendente que una mayoría de la sociedad vasca no se inmute ante un incendio cuando durante décadas no han pestañeado ante centenares de asesinatos de inocentes.

Voy a abrir otro breve paréntesis. Los oyentes del pódcast me conocen y saben que no puedo evitar estos incisos. Quería comentar la enorme cantidad de correos electrónicos y comentarios que recibo de los seguidores que residen en estas dos comunidades autónomas. Los mensajes son muy similares: la situación es indignante, son muchos los que se oponen al nacionalismo, pero se encuentran solos y desasistidos ante el avance de estos nuevos regímenes tiránicos. Si eres un lector hispanoamericano y vives fuera de España, puede que te sorprenda lo que acabo de explicar, o quizá esta «música» ya te suene por haberla oído también en tu país.

Para cerrar la cuestión de cómo nos vemos nosotros mismos y lo que nos preocupa sobre el presente y el futuro de España, voy a comentar brevemente otros asuntos que también requieren una solución urgente. Entre ellos destaca el problema de la educación, propiciado por la cultura del mínimo esfuerzo y el premio garantizado; sin olvidar la anulación de la autoridad y el prestigio del personal docente. Lo peor de este esperpento es que, si bien la culpa recae en los altos responsables educativos, en multitud de casos vemos que los padres son cómplices. Protectores a ultranza de sus chavales, inconscientemente alimentando una bomba que a muchos les estallará en un futuro no muy lejano. Estamos condenando a nuestros jóvenes a la mediocridad y a la frustración cuando deban afrontar la realidad.

Cambiando de tema, o de pena, qué decir del temor a salir del domicilio y no saber si a la vuelta alguien lo habrá ocupado y habrá cambiado la cerradura con absoluta impunidad. Hacerte a la idea de que podrías tardar años en recuperar tu casa pone los pelos de punta.

Otro asunto es la absurda política de inmigración, que trae a muchas personas necesarias, dado nuestro paupérrimo índice de natalidad, pero sin un plan coherente. Por no decir que muchas vienen atraídas por los falsos brillos de un paraíso inexistente. Esto provoca que la mayoría de estos «turistas» vaguen por nuestras ciudades durante largo tiempo sin posibilidad de firmar un contrato de trabajo, a expensas de una colocación precaria e ilegal pero también imprescindible. Hoy comprobamos que España no se sostendría sin la inmigración, tanto legal como ilegal.

La educación sexual de los niños y adolescentes está deformada por los contenidos de internet, de donde la mayoría, según las encuestas oficiales, obtiene la información que no le proporcionan ni la escuela ni los padres. De ahí el aumento de las agresiones sexuales y las aberrantes violaciones en grupo, lo que pone de relieve una formación fallida a pesar de las políticas de igualdad, a veces circenses.

Asistimos también a la dramática e inasumible tasa de consumo de alcohol entre los jóvenes, que complica su existencia presente y su salud futura. Según datos de la *Encuesta sobre uso de drogas en Enseñanzas Secundarias en España* del 2016, la media de edad en la que se comienza a consumir son los catorce años.

Crece la indefensión ante la impunidad del anonimato bajo el paraguas de una adulterada libertad de expresión. Cualquiera puede insultar o publicar falsas informaciones en las redes sociales tras el cobarde parapeto de un perfil incógnito. Por no hablar del daño que sufren muchos negocios por tener que soportar la exposición a las calificaciones u opiniones *online*, a menudo caprichosas o no contrastadas, de cualquiera que sienta el impulso de verter su basura, a sabiendas de que no le supondrá coste alguno.

Los problemas que acabo de enumerar no son exclusivos de España. Todos los países tienen unos problemas más apremiantes que otros, pero la crisis humanística es común a la sociedad occidental.

Sin embargo, no todo son malas noticias. Afortunadamente, España tiene razones más que suficientes para confiar en su futuro. Somos una sociedad que, sin saberlo, se sustenta en una herencia acumulada durante siglos, de la que hablaremos más adelante. Esa herencia nos ha transmitido un sentido de la resistencia y de la solidaridad que nos hace singulares. No tenemos más que comprobar el liderazgo de España en trasplantes de órganos o la respuesta de la población ante cualquier crisis. La solidaridad es un sentimiento intrínseco de los españoles, solo emponzoñado, de nuevo, por el nacionalismo, enemigo a batir en cualquiera de sus formas.

Gozamos de unos servicios públicos de primer nivel, a la altura de los que ofrecen los países más avanzados, gracias al esfuerzo fiscal de todos los españoles. Contamos con modernos hospitales, una renovada y extensa red de carreteras y una infraestructura de trenes de alta velocidad que es la envidia del mundo (y de Extremadura). Todos los días nos levantamos confiados en que nuestros funcionarios se dejarán la piel o arriesgarán su vida ante una pandemia, un incendio, una banda de delincuentes o una treintena de alumnos dentro de un aula.

Somos uno de los países más seguros del mundo, gracias a unos eficaces cuerpos de seguridad que han conseguido que España presente uno de los índices de criminalidad más bajos de Europa. Y no olvidemos los fantásticos resultados obtenidos cada vez que nuestro país ha adquirido la responsabilidad de organizar un gran evento internacional.

A pesar de nuestras carencias educativas, la gran cantidad de titulados altamente cualificados que son demandados en muchos países del mundo demuestra la excelencia de nuestra formación superior.

Tenemos una alta calidad de vida, entre las primeras del mundo, por lo que nacer en la «piel de toro» brinda más posibilidades de acercarse a la felicidad que hacerlo en cualquier otro lugar del planeta. Algunos foráneos critican que nos echemos la siesta, hablemos tan alto y tendamos a la improvisación. En efecto, dormimos la siesta cuando las elevadas temperaturas nos impiden hacer cualquier otra actividad, con el fin de reservar fuerzas para las horas vespertinas y nocturnas. Hablar en voz alta es consecuencia de nuestra vitalidad y sociabilidad desbordantes, producto del clima soleado y de un carácter abierto y hospitalario. De este continuo contacto con la luz, la naturaleza y las personas nace nuestra exuberante creatividad, confundida muchas veces con la improvisación y el desorden.

Y si hablamos de gastronomía, aspecto fundamental en la vida de un ser humano, volvemos a constatar que somos unos privilegiados por la variedad y calidad de los menús que degustamos a diario, además de por nuestros hábitos saludables.

Seguro que prefieres tu siesta, tu terraza nocturna, tus gritos y tu paella en el chiringuito que llegar a casa a las seis de la tarde después de unas tristes horas regadas con alcohol en la taberna de siempre. Luego, cenar unos huevos fritos con mantequilla. Y a las ocho, a la cama.

Nuestros amigos guiris podrán criticar con estereotipos y prejuicios a los PIGS (Portugal, Italia, Grecia y España), pero saben, les guste o no, que su cultura nació en el Mediterráneo, en cuyas orillas se encuentra la verdadera calidad de vida y donde, por casualidad, está España.

Mientras organizaba la estructura del libro, dudaba del lugar en el que situar este apartado que ahora finaliza, pues es uno de los más extensos. He optado por ubicarlo aquí para, una vez centrados en nuestra realidad, poder comparar el presente con las vicisitudes del pasado que vamos a recorrer juntos a partir de ahora. Soy consciente de que probablemente no te habré contado nada que no supieras, pero son cuestiones que no debemos olvidar. A fuerza de repetir y asimilar nuestras deficiencias y nuestros valores, reforzamos nuestra consciencia como comunidad.

Lo más importante de los hechos que hemos venido repasando es que forman parte de nuestra historia. Quizá alguien lea esto dentro de muchos años y le sirva para entender cómo pensaba un español a caballo entre los siglos XX y XXI.

En la siguiente parte del libro, mediante el acercamiento como seres humanos y como españoles a algunos sucesos históricos, buscaremos nuestras verdaderas raíces e intentaremos hacer uso de esa herencia invisible para mejorar nuestro presente.

CUARTA PARTE

Somos herederos

Andaba la casa alborotada, pero, con todo, comía la sobrina, brindaba el ama y se regocijaba Sancho Panza, que esto del heredar es algo que borra o templa en el heredero la memoria de la pena que es razón deje el muerto. [...] Don Quijote, entre las compasiones y lágrimas de los que allí se hallaron, dio su espíritu, quiero decir que se murió.

Miguel de Cervantes, siglos XVI-XVII

Atapuerca

Atapuerca abre ahora un repaso cronológico a la historia de España. He seleccionado una serie de temas que, a lo largo de los años que vengo publicando audios, me han producido sensaciones y emociones especiales. Intentaremos comprender la importancia de la herencia recibida de nuestros antepasados, con el objetivo de mejorar nuestro aprendizaje personal a través de la historia.

El yacimiento de Atapuerca, declarado Patrimonio de la Humanidad por la Unesco en el 2000, es uno de los más relevantes del mundo. Aquí se han hallado vestigios del *Homo antecessor*, de hace más de 1 000 000 de años, los más antiguos de un homínido en Europa Occidental. Este descubrimiento supuso la catalogación de una nueva especie humana. En la Sima de los Huesos se localizó un inmenso yacimiento de fósiles del *Homo heidelbergensis*, anterior al *Homo neanderthalensis*, de hace 400 000 años. Sin olvidar restos de *Homo sapiens* de más de 4000 años de antigüedad y evidencias de asentamientos neolíticos. Atapuerca es un auténtico parque temático de la evolución de los homínidos europeos, pues alberga pruebas de la existencia de todas las especies humanas que se han establecido en nuestro continente desde hace un millón de años.

Los últimos hallazgos de restos neandertales en el 2017, correspondientes a una especie que nació y vivió en Europa hace unos 40 000 años, y el descubrimiento en el 2022 de parte de la cara de un homínido con 1 400 000 años de antigüedad son una muestra más de la singularidad de este conjunto arqueológico. Quién sabe las sorpresas que nos depararán las nuevas excavaciones.

El yacimiento de la sierra de Atapuerca, cercana a la ciudad de Burgos, se descubrió a finales del siglo XIX, en un claro ejemplo de serendipia, cuando una compañía minera inglesa empezó a construir una vía férrea de enlace con la línea Burgos-Bilbao. El trazado inicial se alteró en busca de piedra caliza, y se excavó una gran trinchera que atravesaba la sierra. Las explosiones para horadar la montaña sacaron a la luz el yacimiento.

La conocida como «Trinchera del Ferrocarril» quedó allí para siempre, cortando la montaña a lo largo de un kilómetro. En 1911 se suspendió la línea de ferrocarril y la trinchera fue abandonada. Aunque en los primeros años del siglo XX recibió la visita de varios investigadores, no se llegó a valorar la dimensión científica del paraje. Este incipiente interés se evaporó con la llegada de la Guerra Civil y con el uso de la excavación como cantera en la década de 1950.

Progresivamente, entre los cincuenta y los sesenta, pequeños descubrimientos hicieron pensar que aquellos terrenos albergaban una joya de la arqueología. Todo cambia cuando, en 1964, el profesor Francisco Jordá comienza a excavar la vieja trinchera. Unos trabajos que se prolongarán hasta los ochenta de la mano de Emiliano Aguirre. Es entonces cuando se inicia una exploración rigurosa y sistemática del yacimiento.

En 1976, el ingeniero de minas Trinidad de Torres, como parte de la investigación de su tesis sobre osos fósiles, dirigida por el propio Emiliano Aguirre, se trasladó a lo que después se conocería como «Sima de los Huesos» y descubrió unos restos humanos. Rápidamente lo puso en conocimiento de Aguirre, que acudió de inmediato y comenzó nuevas excavaciones. Lo que allí encontraron superó ampliamente sus expectativas: restos fósiles y pruebas de la presencia de cinco especies de homínidos. Posteriores análisis confirmarían que algunos de aquellos vestigios tenían una antigüedad de más de un millón de años. Estos hallazgos fueron el germen del Proyecto Atapuerca, que depararía maravillosas sorpresas.

En 1978 se elaboró un plan de investigación y se empezaron a excavar sistemáticamente los yacimientos de la sierra. Emiliano Aguirre dirigió el proyecto hasta 1991, cuando alcanzó la jubilación y fue relevado por Juan Luis Arsuaga, José María Bermúdez de Castro y Eudald Carbonell, fundadores de la Fundación Atapuerca, que continuaron con los trabajos y serían galardonados con el Premio Príncipe de Asturias de Investigación Científica y Técnica en 1997.

Tras esta breve y obligada introducción, voy a intentar explicarte lo que para mí supone Atapuerca en el contexto de la historia. Como ya he señalado, me parece vital abordar la evolución humana si queremos entender nuestro pasado y, lo que es más importante, a nosotros mismos.

Al contrario que otros períodos de la evolución de la humanidad, mucho más documentados y con testimonios físicos tangibles, nuestros primeros pasos como homínidos adolecen de pruebas arqueológicas contundentes. Para un enamorado de la historia como yo, esta falta de precisión debe compensarse con un derroche de imaginación e incluso con algo de fe. Las investigaciones son tan cambiantes que, en pocos meses, una teoría que parecía sólida puede ponerse en tela de juicio o directamente quedar obsoleta tras un nuevo hallazgo. Además, las noticias en torno a estos descubrimientos no suelen merecer más que escuetos anuncios en los medios de información.

Yo siempre había soñado con un yacimiento cercano que pudiera visitarse y en el que el estudio de nuestros orígenes tuviera continuidad y se divulgara para ponerlo al alcance de todos. Atapuerca reúne todas estas condiciones.

Muy pronto, mi inquietud por el tema me llevó a comprar un libro sobre el yacimiento, imagino que uno de los primeros en editarse: *Atapuerca: un millón de años de historia*, de José Cervera. Recuerdo perfectamente que se lo pedí a los Reyes Magos en las Navidades de 1998. El ejemplar permanece en un espacio muy visible de mi biblioteca, más por nostalgia que por la información que contiene. Como comentaba, los descubrimientos avanzan rápidamente y pueden hacer que cualquier publicación quede al poco tiempo anticuada.

Me convertí en un auténtico entusiasta de aquellos yacimientos. Seguía todas las noticias al respecto, tanto en prensa como en radio, y me hice con algunos libros sobre evolución humana, calibrando siempre la importancia de Atapuerca. También estaba internet, pero eran los inicios de la red y no existían páginas que desarrollaran exhaustivamente el tema. Con los años, internet se llenó de información sobre la Trinchera del Ferrocarril y me planteé visitar los yacimientos un montón de veces. La Sima del Elefante, la Gran Dolina y la Galería ya me eran familiares sin haberlas visto en persona. Por diferentes motivos nunca cuajó aquella ansiada visita, pero mi expectación seguía latente.

Pasaron los años y, en plena actividad del pódcast, allá por el 2016, recibí en Facebook un mensaje privado de una seguidora. Tras una amable felicitación por el trabajo, se despedía ofreciéndose a acompañarme en una visita a… ¡los yacimientos de Atapuerca! Mis expectativas se vieron ampliamente superadas cuando me informó que era guía oficial. Creo que es uno de los mensajes que he respondido más rápidamente. Tardé apenas unos segundos en contestar a Ángela, rogándole que concertara una visita en cuanto le fuera posible, pues estaría encantado de aceptar su amable invitación. Intercambiamos algún que otro mensaje y, al cabo de unos días, le ofrecí grabar un audio sobre Atapuerca. No solo aceptó enseguida mi propuesta, sino que inició los trámites oportunos con la Fundación Atapuerca para organizar una visita especial, fuera del horario regular y con la inclusión de lugares de acceso restringido. Puedes imaginar la enorme alegría que me produjeron aquellas noticias. No solo iba a hacer realidad la visita que tanto había deseado, sino que la haría en unas condiciones privilegiadas y acompañado de una guía oficial. Además, la posibilidad de grabar un audio sobre Atapuerca me permitiría compartir con los oyentes mis inquietudes y mi ilusión por el tema. ¿Podía pedir algo más?

Concretamos la visita y, acompañado por mi esposa, me dirigí a Atapuerca para conocer a nuestra amiga, que nos esperaba a la entrada de los yacimientos. Tras el primer contacto con Ángela, todo auguraba un gran día. Nos incluyó en un grupo de visitantes y comenzamos el recorrido.

Quisiera dejar una reflexión sobre la tarea de tantos y tantos guías en centros de interpretación, catedrales, museos, pueblos y ciudades. He visitado muchos de estos lugares y siempre he percibido un gran entusiasmo en su labor. En general, poseen un gran conocimiento sobre lo que muestran, de modo que son una pieza indispensable para exprimir y optimizar el tiempo de una visita, que normalmente es escaso. En el caso de Ángela, es de justicia remarcar que posee una capacidad pedagógica superlativa.

Durante su explicación se me ocurrieron mil preguntas, pero las reservé para la privilegiada visita de la tarde. Por fin estaba en Atapuerca y el recorrido de la mañana había satisfecho las inquietudes que había acumulado durante tantos años. Comimos cerca y, tras este paréntesis, nos dirigimos de nuevo al yacimiento para la anhelada visita particular.

La primera sorpresa llegó antes de conocer el yacimiento principal. Subimos a pie a la sierra y recorrimos excavaciones restringidas al público, siempre acompañados por las fascinantes explicaciones de nuestra guía. Cuando terminamos el trayecto, bajamos hasta la entrada del yacimiento y Ángela nos abrió la enorme verja metálica, para cerrarla por dentro después de que entráramos. ¿Puedes imaginar lo que supuso para mí ese momento? Había estado en ese mismo lugar por la mañana, pero ahora todo era diferente. Me encontraba en Atapuerca con una guía oficial del yacimiento y ante mí se extendía la Trinchera del Ferrocarril. Teníamos toda la tarde por delante y no había ningún ruido, tan solo el trino de los pájaros y el rumor de una suave brisa primaveral. Nos pusimos nuestros cascos y comenzamos a caminar entre las dos paredes de la trinchera.

Te podrá parecer exagerado o artificialmente poético, pero el sonido de nuestros pasos, en aquel silencio, me llevó a experimentar una especie de viaje en el tiempo. Recorrimos todo el yacimiento durante horas, accediendo a lugares que en la visita matinal solo habíamos visto de lejos. No dejaba de hacer preguntas a Ángela mientras intentaba asimilar la grandiosidad de cada rincón. Millones de años por allí, centenares de miles de años por allá... Siempre con su permiso, pude tocar aquellos estratos de tierra, que, con voz propia, me hablaban de lo incomprensible que es la medida del tiempo. Conchas de caracol de casi un millón de años, banderitas de colores a diferentes alturas que marcaban lapsos de diez mil años... Todo me asombraba y me hacía sentir pequeño y afortunado a la vez por tener la oportunidad de vivir aquella experiencia.

Vuelvo a hacer un inciso, ahora para comentar la importancia de respetar los testimonios que el pasado nos regala. Como he dicho, en todo momento le preguntaba a nuestra guía si podía tocar algo o acercarme a algún rincón. Me preocupaba contaminar la investigación de aquella maravilla, por pequeña que fuera mi injerencia.

Podría darte todos los detalles de la visita, que, además del propio yacimiento, incluye un centro de interpretación y un magnífico museo en la ciudad de Burgos. Pero te invito a que, si no lo has hecho ya, escuches el audio de *Memorias de un tambor* dedicado a Atapuerca, con los comentarios de Ángela registrados grabadora en mano durante la visita. Es la mejor forma de darte a conocer las emociones de aquel gran día.

La tarde se me pasó volando. Cada pormenor me parecía asombroso, y aunque algunos de los lugares ya los había visto por la mañana, todo era ahora diferente. Pude entrar en las cavernas, acceder a espacios restringidos y, sobre todo, subir a los enormes andamios de la Gran Dolina. Fue muy emocionante recorrer la zona de excavación, que solo había visto en fotografías y documentales. Y estaba allí solo y con todo el tiempo del mundo, acompañado de mi amiga, a la que preguntaba a quemarropa todo lo que se me pasaba por la cabeza.

Ya estaba cayendo el sol y terminamos la visita. Salimos por donde habíamos entrado, volviendo sobre nuestros pasos a lo largo de la trinchera. He estado en muchos lugares cargados de historia, energía, información o magia, pero aquella tarde en Atapuerca es insuperable.

El audio tuvo una gran acogida y, por si fuera poco, tuve conocimiento, a través del correo electrónico y de otras vías, de que muchísimos oyentes habían visitado los yacimientos y habían aprovechado para saludar a mi amiga. Esas visitas y sus frutos han cerrado un círculo, para mí, perfecto.

Cierro este apartado agradeciéndole a Ángela el tiempo y el esfuerzo que nos dispensó durante todo aquel día, que se convirtió en un espléndido regalo tanto para quienes lo vivimos en primera persona como para los seguidores del pódcast. Sé que para ella fue un inmenso placer, pero me considero un afortunado por haber conocido a una persona dedicada a compartir su saber y su pasión por la historia. Nos parecemos tanto en eso que enseguida empatizamos. Mi gratitud también para la Fundación Atapuerca, por haber permitido una visita tan especial y la grabación del programa.

Tampoco quisiera olvidar a Emiliano Aguirre, el artífice de las primeras excavaciones de aquellos yacimientos, que falleció en el 2021, a los noventa y seis años.

La conexión con nuestros lejanos ancestros fue tan profunda que supuso para mí un punto de inflexión. Aquella visita a Atapuerca cambió mi forma de entender la vida y probablemente sea una de las motivaciones para que, al cabo de los años, esté escribiendo este libro. De hecho, como has podido comprobar, he dedicado una buena parte de las primeras páginas a explicar el fenómeno del, como me gusta llamarlo, «milagro de la vida».

En la página web de la Fundación Atapuerca he leído algunos comentarios sobre lo «aburrida» que es la visita, porque no se ven más que «andamios y paredes de tierra». Dice el viejo refrán: «El que no sabe es como el que no ve». Esta es la prueba de lo importante que es el conocimiento y de nuestra obligación de divulgarlo. La visita requiere una preparación previa y un esfuerzo de la imaginación. Al igual que cuando visitamos una catedral o un castillo en medio de una ciudad, debemos pensar en cómo sería ese mismo entorno en el pasado. Y esto solo se consigue con una mezcla de conocimiento e interiorización de la historia, que, por cierto, es uno de los objetivos de este libro, como no me canso de repetir.

La culminación del audio sobre Atapuerca llegó cuando muchas personas me confesaron que, tras escucharlo, los «andamios» del yacimiento se convirtieron en historia y sus «paredes de tierra» en autoconocimiento. Esos testimonios son una de las grandes alegrías que me ha deparado *Memorias de un tambor.*

Te animo a conocer cualquier yacimiento o lugar de interés arqueológico. Si acudes con la preparación y la inquietud necesarias, te garantizo que el resto te lo regalará la historia.

Mujeres

Antes de abordar asuntos históricos concretos, he decidido dedicar un apartado a la mujer: esa mitad de la humanidad de la que hay escasos registros y apenas se habla cuando se aborda la historia con mayúsculas. La contradicción que supone su falta de reconocimiento y el hecho de que sin ella nada hubiera sido posible la hace merecedora de un espacio propio.

Siempre que intento preparar un audio sobre alguna mujer relevante en la historia de España, me encuentro con el problema de la escasez de ejemplos notables. Seguro que se te ocurrirán decenas de nombres, pero muy pocos a la altura de los personajes masculinos. La realidad es que no hay información suficiente para armar un audio de varias horas. Apenas media docena de capítulos tienen como protagonista a una mujer. ¿Cómo es posible que las mujeres hayan sido tan poco relevantes en la historia cuando han desempeñado un papel clave en todas las civilizaciones?

La respuesta a esta pregunta son las dificultades que las mujeres han sufrido secularmente para desarrollar sus capacidades. Y cuando han podido hacerlo, las crónicas y los libros se han olvidado de ellas. Este desconocimiento ha terminado por atribuirles un papel secundario en la cimentación de las sociedades humanas.

No podemos imaginar la cantidad de mujeres que han quedado en el anonimato pese a dejarse la vida en mejorar su entorno y hacerlo más justo. Al salirse del camino trazado, chocaron con el rechazo de una sociedad dominada por el hombre. Eran tanto o más capaces que ellos, pero habían de enfrentarse a una discriminación por razón de su menor fuerza física. Para las mujeres dotadas de una mente genial, debía de ser muy duro verse sometidas a la cautividad intelectual y limitadas a dar rienda suelta a su ingenio en los pequeños espacios que no les eran vedados. Seguro que muchas lograron canalizar sus capacidades a través de los hombres, pero les fue negado el reconocimiento que merecían y jamás pasarán a la historia. De ahí la famosa frase: «Detrás de un gran hombre hay una gran mujer». Debemos ser conscientes de ello y revertir esta herencia negativa en beneficio de las mujeres de hoy.

En los albores de las sociedades cazadoras-recolectoras, hombres y mujeres asumieron roles muy concretos. Los hombres se dedicaban a la caza, mientras que ellas se ocupaban del cuidado de los hijos y de la recolección como actividad secundaria. Sin embargo, si hablamos con un antropólogo, nos dirá que fueron los hábitos recolectores de las mujeres los que determinaron el proceso evolutivo que llevó a la humanidad a desarrollar la agricultura, lo que resultó en las sociedades sedentarias del Neolítico. Es un error calificar su papel de accesorio, pues fue decisivo tanto en el cultivo de la tierra como en la invención y el arte de la cerámica para almacenar el excedente de alimento. Por su conocimiento del campo, también debieron de ser ellas las que descubrieron las plantas medicinales. A pesar del desequilibrio de género, lograron mantener cierto nivel de influencia y adquirieron importantes derechos jurídicos que, para sorpresa nuestra, se paralizarían con la legislación romana y se verían aún más recortados en la Edad Media. De hecho, su estatus en los pueblos celtas, íberos o astures era superior al que disfrutaría siglos después en los reinos cristianos de la Reconquista.

Poco se sabe, salvo arriesgadas interpretaciones, de la vida de la mujer en el mundo antiguo. Sí tenemos constancia de que, en la Grecia clásica, tanto Aristóteles como Platón las contemplaban como seres imperfectos y débiles, siempre subordinadas al hombre y apenas un peldaño por encima de los esclavos, sin posibilidad alguna de participar en la vida pública. Aristóteles, en concreto, consideraba al hombre el artífice de la vida, mientras que a la mujer le reservaba un papel pasivo que se reducía a la reproducción. Para entender, al menos en parte, el deterioro de su reconocimiento social durante la Edad Media, recordemos la gran influencia que tuvieron las corrientes aristotélicas en ese largo período histórico.

De acuerdo con los datos relativos a la Hispania romana, aquí la mujer gozaba de mayor libertad que en Grecia. Aunque seguía sin poder acceder a la vida política, comenzó a integrarse progresivamente en la esfera pública. Aun así, persistía su discriminación como un ser inferior al hombre del que este podía servirse a su antojo. Era muy común que adoptaran el nombre del padre en femenino. Su formación, cuando llegaba, se encaminaba a convertirla en una esposa útil cuya misión se ceñía a la procreación. Nunca perdió su fundamental papel en las tareas agrícolas y ganaderas, donde sí se la equiparaba al hombre. También tenía la posibilidad de participar en el pequeño comercio, aunque como simple trabajadora.

Durante la Edad Media se produjo el ya referido retroceso de su estatus. Se acentuó su función como campesina junto al hombre, aunque con remuneraciones muy inferiores. Aparte de las labores agrícolas y del manejo de los rebaños, seguía ocupándose del hogar y del cuidado de los niños. Algunas encontraron su espacio de trabajo en los talleres textiles o, excepcionalmente, como sirvientas, en las casas de la nobleza, siempre con un salario ínfimo o a cambio de alojamiento y alimentación. En cuanto al matrimonio, era producto de un pacto entre el padre y el futuro esposo que más parecía un contrato de compraventa que un casamiento.

El crecimiento de los núcleos urbanos y el aumento de la artesanía dieron lugar a una nueva clase social: la burguesía, cuya necesidad de mano de obra a bajo coste atrajo a hombres y mujeres. Nuevos oficios proporcionaron a la mujer la ocasión de introducirse en el mundo laboral, especialmente en el sector textil, siempre en condiciones muy inferiores a las del hombre. Sin embargo, los gremios de artesanos eran un ámbito casi vedado para ella.

En España, los conventos femeninos proporcionaban a las mujeres una de las escasas posibilidades de alcanzar un alto nivel de cultura. A estos centros religiosos eran enviadas las que se quedaban solteras y las que carecían de sustento económico.

En resumen, en contra de lo que se pudiera pensar, hacia finales de la Edad Media se produjo un deterioro de sus escasos derechos. No solo se apartó a la mujer de los gremios de artesanos, sino del mundo del trabajo en general.

El Renacimiento da paso a la Edad Moderna. España ha concluido la Reconquista bajo el reinado de los Reyes Católicos y ahora dirige su mirada a una América recién descubierta. A pesar de la revolución cultural y artística, la mujer se verá apeada de este avance. Ni siquiera el pensamiento humanista llegará a respetarla. Las imprentas multiplican los libros y nacen nuevas universidades en España y América. Pero estos progresos culturales son monopolizados, otra vez, por el hombre.

No solo el conocimiento quedaba fuera del alcance de la mujer, sino también el derecho hereditario, pues la transmisión del patrimonio familiar se reservaba para el hijo primogénito. La mujer estaba cada día más relegada al ámbito familiar y doméstico, alejada del trabajo y de los más elementales derechos civiles.

Por supuesto, como puedes suponer, jamás perdió su espacio en el mundo agrícola y ganadero. Siguió siendo clave en el sustento de la sociedad con su trabajo en el campo, el mantenimiento de la estructura familiar y el cuidado del hogar. En este reducido ámbito podía elaborar pequeñas piezas artesanales para autoconsumo o para una modesta comercialización.

Como los medios anticonceptivos eran desconocidos, los embarazos se sucedían en períodos inferiores a los dos años. No solo la mortalidad infantil era muy alta, sino también la de las madres durante la gestación y en el parto. No era inusual dejar morir a las niñas ante una mínima complicación, pues, al contrario que los niños, no podrían emplearse como mano de obra.

Durante los siglos XVII y XVIII, las ciudades españolas crecieron, pero los derechos de la mujer apenas evolucionaron, ni en lo cultural ni en lo laboral. Sus aspiraciones se limitaban a casarse con un buen hombre, ocupar un puesto de sirvienta o trabajar en un taller.

En el siglo XIX, por fin, sus derechos experimentarán grandes cambios, aunque no al nivel de otros países. Con la llegada a España de una incompleta y tardía Revolución industrial, la mujer encontrará un espacio de igualdad con el hombre. Aun así, serán tiempos de explotación, en los que habrá de soportar interminables jornadas de trabajo en condiciones inhumanas.

Quiero subrayar que en España no se llegó a alcanzar la situación laboral de los países más avanzados de Europa. Las mujeres continuaron con sus tareas campesinas y domésticas, aunque empezaron a dejarse ver como miembros activos de la sociedad. Mientras que en los países nórdicos comenzaron a otorgar a la mujer derechos relativos al matrimonio y a la herencia, ni el Código Civil napoleónico ni el español reconocían ningún derecho para la mujer casada, cuyas posesiones y bienes eran potestad del esposo. Por mucho que nos pueda extrañar, estas leyes españolas se promulgan en 1889.

Durante el siglo XX se produjo su entrada masiva en el mercado de trabajo. Los cambios sociales impulsaron el reconocimiento de su igualdad con el hombre. Tanto la Primera como la Segunda Guerra Mundial llevaron a los hombres al frente y provocaron una gran cantidad de bajas. En 1945, al término de la contienda, un tercio de los puestos de trabajo estaban ocupados por mujeres. Este cambio también se produjo en la sociedad española, aunque nuestro país no hubiera intervenido en ninguno de los dos conflictos.

Conviene recordar que en España, desde el Código Civil de 1889, la mujer casada sufría una insólita discriminación con respecto a su pareja. Al contraer matrimonio renunciaba a su autonomía, a sus libertades básicas y a su capacidad jurídica. Necesitaba permiso del marido para trabajar y debía entregarle el sueldo para que lo gestionara, pues el Estado no la consideraba preparada para ello. Era la llamada «licencia marital», abolida en 1975 junto con otras leyes que limitaban sus libertades fundamentales.

En España, la mujer vota por primera en el efímero Cantón de Cartagena, durante la Primera República, en 1874. Aunque no pasa de un hecho anecdótico, es señal de que en la sociedad española del XIX existía un debate latente. El sufragio femenino, aunque todavía restringido, alcanzaría un reconocimiento legal en 1924, durante la dictadura de Primo de Rivera. El derecho a voto, esta vez sin limitación, estaba reconocido en el proyecto de Constitución de 1929, que quedó abandonado tras la dimisión del dictador. Este fue el primer paso hacia la inclusión de la mujer en los censos electorales, aunque se acostumbre a adjudicar este avance a la Segunda República.

Eso sí, fue durante esta última, con la Constitución de 1931, cuando se reconoció el voto de la mujer en igualdad con el del hombre. Se entablaron intensos debates en los que la intervención de la diputada Clara Campoamor resultó decisiva para su aprobación. Núcleos de la izquierda se oponían a dar este paso por temor a que tanto los hombres como la Iglesia pudieran presionar a las mujeres e influir en el sentido de su voto en favor de los partidos conservadores.

Por comparar a España con otros países occidentales, en Alemania las mujeres vieron reconocido su derecho al voto en igualdad con el del hombre en 1918; en Estados Unidos, en 1920, y en Gran Bretaña, en 1928. En Francia e Italia, por su parte, no conquistarán este derecho hasta 1945.

Tras la Guerra Civil, durante la dictadura franquista, la trayectoria ascendente de la igualdad de la mujer se truncó. Perdió su derecho al voto, como el hombre, y se vio sumergida en un nuevo período de estancamiento social.

En 1975, con el fin de la dictadura, renace el espíritu de la equiparación de derechos. Reconocida con la igualdad absoluta respecto al hombre, la mujer ya pudo votar en el referéndum sobre el Proyecto de Ley para la Reforma Política, que abrió la puerta a las primeras elecciones democráticas de 1977 y a la Constitución de 1978. Ese mismo año se eliminaron las leyes contra el adulterio y se despenalizaron los anticonceptivos para uso público, y en 1981 se aprobó la Ley de Divorcio.

Como paso importante, en el 2007 entró en vigor la Ley de Igualdad de Género con el fin de zanjar definitivamente la brecha entre ambos sexos, sobre todo en cuanto a las diferencias salariales y las discriminaciones laborales. Los resultados llegaron pronto, y nuestra sociedad discurre por el camino correcto. Depende de todos nosotros alcanzar el objetivo, mejor antes que después.

Hasta aquí, a grandes rasgos, una visión acerca de la historia de la mujer en España.

No podemos obviar nuestra singular situación cuando en Europa nacieron las corrientes de la Ilustración y los posteriores movimientos sociales a raíz de la Revolución francesa. Al contrario que en otros países equiparables al nuestro, durante el siglo XIX no hubo movimientos feministas consistentes. Estos no aparecerán hasta bien entrado el siglo XX, y de forma muy atenuada.

La explicación de este atraso la podemos encontrar, primero, en el lento y tardío proceso de industrialización. Ante la ausencia de núcleos industriales, la economía española y su sociedad quedaron reducidas al tradicional mundo agrario, que no exigía una educación y preparación profesional, sobre todo entre las mujeres. En segundo lugar, el absolutismo y la ancestral influencia de la Iglesia provocaron la impermeabilidad de España a las corrientes liberales del siglo XIX. Las mujeres más involucradas en la vida social y política no abrazaron una causa feminista común. Para colmo, se dividieron y alimentaron la ya consabida confrontación entre absolutistas y liberales, entre derechas e izquierdas. Las más preparadas, llamadas a liderar el cambio, no encontraron el escenario adecuado ni supieron crearlo. Las españolas continúan pagando todavía las facturas del siglo XIX.

En suma, una vez perdido el tren de la Ilustración, España se dirigió inexorablemente a una época oscura y, con ella, a un nuevo apagón de las libertades, especialmente las femeninas.

En lo que respecta a cómo afrontó la mujer el cambio del siglo XX al XXI y las dos últimas décadas, por suerte cuento con los testimonios de familiares y con mi propia experiencia, de modo que me atreveré a ofrecer mi propia visión. Yo nací a comienzos de la década de los sesenta. Tuve la enorme fortuna de que mis padres no se comportaran de acuerdo con la norma general. Mi madre, como la inmensa mayoría de las mujeres del momento, se dedicaba al hogar, lo que entonces se conocía como «sus labores» (el término «SL» era común a la hora de rellenar cualquier impreso para definir su profesión). Pero recuerdo, desde muy pequeño, ver a mi padre colaborando en las tareas domésticas cuando volvía de trabajar, en la medida en que fuese necesario. Guardo su imagen situado frente al fregadero o pasando la aspiradora, fundamentalmente los fines de semana, o entreteniendo a sus hijos y ayudándonos con los deberes. Jamás le oí un reproche a mi madre ni un comentario despectivo que la menospreciara como mujer. Reconozco que debo estar muy agradecido por aquel clima, porque ha marcado positivamente mi personalidad y mi visión paritaria entre hombres y mujeres. Cada día que pasa estoy más convencido de que acabamos imitando lo que hemos vivido en nuestro hogar durante el desarrollo de la infancia.

Lamentablemente, este ambiente matrimonial no era el mayoritario. Tengo en la cabeza cómo en otros matrimonios, amigos de mis padres, era muy frecuente que el hombre hiciera callar a su esposa en medio de una conversación. Las frases «cállate, tú qué sabrás de eso», «dedícate a la casa y a los niños» o, en el colmo de la humillación, la famosa «vete a fregar» eran moneda corriente. Hoy, por fortuna, esto puede parecer imposible, pero entonces ocurría.

Cuando rememoro aquellas situaciones, lo que me parece más terrible es que la mujer aludida mirase hacia otro lado, o que incluso se riera con sus amigas, tomando aquel desprecio por una situación graciosa. Si creciste en aquella época, seguro que también recordarás estos desvaríos. Todavía hoy podemos oír el «vete a fregar» en algún incidente de tráfico, por ejemplo. Por desgracia, siguen quedando inadaptados sociales que vivieron esta situación de niños y la siguen reproduciendo con normalidad. Reconozco que esa frase, en concreto, me produce escalofríos.

En los sesenta y setenta, la mujer tenía un papel decorativo. Era un utensilio más del hogar al servicio del hombre: sirvienta de día y objeto sexual de noche. No quiero decir que no hubiese amor y respeto, pero la esposa adquiría una «deuda» con el marido por el mero hecho de no salir a trabajar.

Sobre esto último me he formado mi propia opinión con el paso de los años, sonsacando y escuchando a muchos matrimonios. ¿Cuántos matrimonios «estables y felices» esconderían por aquella época estas situaciones de dependencia? Era la tónica general. Y no quiero pensar en los casos más extremos, en los que se daban abusos o malos tratos durante toda una vida. Sí, durante toda una larga vida, y sin herramientas de denuncia como de las que hoy se dispone.

Aunque pueda parecer ajeno a la historia de España, este tema es de gran relevancia, sobre todo si la fuente es un testigo presencial de los acontecimientos, como es mi caso. Esto no me lo han contado, sino que lo he vivido personalmente. Conocer la vida de las personas, especialmente de las mujeres, la mitad de la humanidad, nos acerca a la herencia recibida y nos ofrece la oportunidad de aprender de ella y corregir el rumbo, como antes apuntaba.

Ellas no estudiaban más allá de una formación básica. Aprendían las reglas matemáticas elementales y, con suerte, a leer de manera fluida. De niño y adolescente, no recuerdo haber conocido en mi entorno a muchas mujeres por encima de los treinta años que tuvieran el título de bachiller. Todas las madres de mis amigos estaban sepultadas bajo roles muy similares. Entre aquellos recuerdos de mi infancia, me viene a la mente uno muy concreto: el de una mujer al volante, que era como ver a un extraterrestre. Su visibilidad en el mundo laboral quedaba reducida al pequeño comercio como dependientas, al hogar como asistentas y al medio sanitario como enfermeras, lo que era visto como una ocupación algo elitista.

Tampoco puedo dejar de compartir el recuerdo de las pocas mujeres que trabajaban. Entre los hombres, estar desocupado era un descrédito, pues la sociedad lo interpretaba como que el «macho» no era capaz de mantener a su familia por sí solo. Por otro lado, aunque ellas debían superar todos los obstáculos imaginables para incorporarse al mercado laboral, era muy corriente el reproche de los esposos con otra frase lapidaria: «Yo soy el que trae el dinero a casa».

En una gran cantidad de casos, la mujer pasaba a ser una especie de asalariada del marido. El «sueldo» incluía el cuidado de la casa, la cocina y los niños. Para completar el esperpento, era frecuente que se convirtieran en expertas en finanzas, pues de lo contrario, con unos ingresos paupérrimos, resultaba imposible llegar a fin de mes. Repito, esto también es historia reciente de España.

Para los que crecimos en aquel ambiente, la omnipresencia de la madre era un seguro de vida. No conocimos las guarderías, ni salíamos nunca a la calle antes del amanecer. Unas simples décimas de fiebre bastaban para que nos quedáramos en casa al cuidado de la mejor enfermera. La ropa siempre estaba impecable para el día siguiente. Por las tardes, la vuelta al hogar era un momento maravilloso: mamá nos recibía como si hubiera llegado el sultán de Brunéi y nos preparaba una estupenda merienda antes de que saliéramos a jugar a la calle. Sí, antes se jugaba en la calle y nos creábamos nuestro propio espacio sin ninguna sobreprotección. Si recibíamos una pedrada, no había pesquisas, era cosa de chavales. Y si la herida requería sutura, a la casa de socorro y santas pascuas. Teníamos amigos de todas las procedencias y socializábamos a nuestro ritmo. Éramos autónomos, con los padres siempre a la distancia justa. «Selección natural» se suele llamar.

Cómo recuerdo cuando mi madre desenfundaba su zapatilla, auténtica arma de destrucción masiva, si me pillaba haciendo alguna tontería. Mano de santo, oye, y sin traumas. Benditas amas de casa, aunque eso de «amas» fuese ilusorio. Sacrificaron su independencia, pero desempeñaron un papel extraordinario que nunca se ha reconocido. Mi homenaje a todas ellas.

La gran explosión de la igualdad femenina se está produciendo aquí y ahora, en Occidente durante las últimas décadas. Nos encontramos en pleno siglo XXI, y, aunque queda camino por recorrer, la situación es muy favorable y se puede atisbar la total integración de la mujer en la sociedad. Está decidida a conseguir definitivamente sus derechos en todos los espacios, tanto en la educación como en el trabajo y, no menos importante, en la mente de los hombres. Creo que somos nosotros los que tenemos en nuestra mano terminar de integrar, de una vez por todas, a esa otra mitad de la humanidad.

Por supuesto, esta situación favorable hace referencia a las culturas avanzadas. En las sociedades ancladas en pensamientos medievales, este avance es muy lento. No hace falta salir de España para constatar el trato que sufre la mujer en diferentes comunidades de inmigrantes; sin olvidar los comportamientos residuales que, por desgracia, siguen teniendo arraigo en la sociedad española. Afortunadamente, la globalización hace que la información llegue a todos los rincones del mundo. El progreso avanza rápido y espero que sea irreversible.

Si analizamos la situación de la mujer española a nivel europeo, nos encontramos con buenos datos. En el último informe sobre igualdad de género de la Unión Europea, correspondiente al 2020, España ocupa la octava posición con 72 puntos sobre 100, cuando la media europea es de 67,9. Según el mismo estudio, si se mantiene la progresión, Europa alcanzará la plena igualdad de género dentro de sesenta años. Puede parecer mucho tiempo, pero si lo comparamos con la edad de la humanidad, tenemos el objetivo muy cerca.

En cuanto a la violencia de género, o doméstica, el asunto se me escapa de las manos y de la comprensión. Se trata de una vuelta a comportamientos primarios, a la ley del más fuerte, que cuesta asimilar. La mujer, como en casi toda la historia de la humanidad, debe someterse al hombre en razón de la fuerza física. Estos monstruos, por mucho que sean una minoría, existen. Su comportamiento debemos achacarlo a una herencia cultural que nos habla de la posesión y el control del hombre sobre la mujer como algo normal y natural. Es un problema que no nos podemos permitir porque causa decenas de muertes cada año. La solución es complicada, por desgracia.

Cuando observo la situación social que vive mi hija y la comparo con la experiencia de mi madre, es evidente lo mucho que se ha logrado durante el transcurso de una generación, la mía. Esto me alegra y me da cierta tranquilidad de conciencia. En lo que concierne a la igualdad de derechos por sexo, la herencia que dejaremos será positiva porque hemos aprendido de la herencia negativa que nos legaron las generaciones anteriores. Insisto en que una herencia negativa se puede transformar en una información valiosa si sabemos interpretarla. Hemos logrado que el «vete a fregar» se haya convertido en una frase obscena y, mejor aún, ridícula.

He querido dignificar lo conseguido por mi generación porque pone de relieve que los logros no llegan solos, sino con una educación apropiada y con la experiencia diaria. Los hombres estamos devolviendo a las mujeres, por fin, el espacio que les habíamos negado durante miles de años. Las campañas de concienciación en las escuelas, los medios de comunicación, el cine, la literatura y el deporte, o en cualquier otro espacio, son primordiales, ejemplarizantes y efectivas. Cualquier acción lógica que acerque a la mujer a su altura natural de ser humano debemos reforzarla como una responsabilidad individual.

En el caso de España en el 2022, mientras estoy escribiendo este libro, nos hallamos inmersos en un proceso, cuando menos, pintoresco. Las políticas de igualdad se han dejado al albur de personajes con una gran carga ideológica que, día tras día, en vez de propiciar avances consensuados, colocan «otro ladrillo en el muro», recordando el famoso tema de Pink Floyd. Lo llamo «muro» porque es rara la mañana que no nos levantemos con una nueva ocurrencia del Ministerio de Igualdad, cuyo nombre ya responde de por sí a un diseño destinado a mentes muy elementales. Un organismo dirigido por un subsector social residual que en absoluto representa la opinión y el sentir de la mayoría de las mujeres; sobre todo de aquellas que tuvieron que aguantar el chaparrón misógino de los años sesenta y setenta, del que ya hemos hecho un repaso. Reconozco que puede ser una sensación subjetiva, pero se corresponde con lo que opinan las mujeres que tengo más cerca y, por supuesto, las oyentes que comparten conmigo sus impresiones. En cualquier caso, se trata una vez más de la persistente invasión del espacio general por parte de las minorías. Este es un ejemplo más de los muchos que debemos sobrellevar.

La igualdad, por su propia naturaleza, es imposible de aplicar a los seres humanos, ya sea entre los hombres, entre las mujeres o entre ambos grupos. Lo último que quiero es que me igualen a nadie, e imagino que tú pensarás lo mismo. Otra cuestión, muy diferente, es la igualdad de derechos.

Por fortuna, ellas casi siempre se inclinarán por aquellas actividades que encajen con su personalidad femenina. Esto no impide que, gracias a los avances logrados en su libre acceso a todos los ámbitos, compitan en pie de igualdad con los hombres y acaparen una gran cantidad de plazas en los procesos selectivos más relevantes.

El hombre, por su parte, seguirá monopolizando los empleos de mayor exigencia física. No creo que veamos a ningún grupo de mujeres operarias levantar un andamio o abrir una zanja para la conducción de tuberías. Apenas vemos mujeres soldado en los miles de imágenes que nos llegan de la invasión rusa de Ucrania, a pesar de la necesidad de combatientes.

Las medidas para lograr la equiparación jurídica entre sexos no se pueden convertir en una venganza personal más propia de desajustes emocionales que de una voluntad de mejorar la situación. Aunque para alcanzar el equilibrio sea plausible y necesario aplicar la discriminación positiva, se debe evitar que esta tenga un efecto negativo en las vidas de todos. Una sociedad madura no puede permitirse una igualdad artificial entre mujeres y hombres que, por ejemplo, imponga un número proporcionado de ministros y ministras sin indagar quién atesora mayor capacidad para cada cartera.

Es lo que ocurre en el acceso a los cuerpos y fuerzas de seguridad del Estado. Este último año se han reservado en la Guardia Civil hasta un 40% de plazas para mujeres, que deberán superar pruebas físicas menos exigentes que las de los hombres. A la hora de ejercer una profesión relativa a la seguridad de todos, salvo que se trate de un cargo relacionado con labores técnicas ajenas al servicio prestado en las calles de nuestros pueblos y ciudades, la discriminación positiva impuesta por ley va contra el sentido común. No poner a los mejores o a las mejores al timón, sea en lo público o en lo privado, es una medida demagógica e irracional, por no decir suicida, que no hace sino alimentar el rechazo de la población a un feminismo mal entendido.

Podríamos dedicar un extenso espacio al lenguaje inclusivo, que resulta necesario pero ha llegado a extremos grotescos y a veces asfixiantes. Sin embargo, creo que el asunto ya está esbozado.

Todos podemos percibir estos desajustes e identificar su origen. El problema es que hay muchas personas que, ante estas distorsiones, arremeten injustamente contra cualquier medida tomada en favor de la mujer. Si a esto le añadimos la polarización que cualquier asunto delicado introduce en la sociedad, nos encontramos con la triste realidad de una confrontación ideológica en torno al feminismo. Ahí tenemos el horrible término *feminazi*, ampliamente utilizado en referencia a las personas cercanas a estas políticas radicales.

Debemos, de nuevo, transmitir una herencia que refleje la clara mejora en los derechos de la mujer que se ha producido en las últimas décadas, para que este proceso culmine. De hecho, con este capítulo pretendo valorar lo conseguido y entregar un testigo en clave positiva. Tenemos que centrar nuestra atención no tanto en el déficit de equidad, sino más bien en los grandes logros alcanzados entre todos.

Dicho esto, no hay que ser muy inteligente para comprobar que, aunque estamos en el camino correcto, ellas siguen estando por detrás en multitud de aspectos. Todavía hay diferencias salariales para puestos de trabajo idénticos y discriminaciones por una posible maternidad. Este último asunto lo considero especialmente grave en una España con un índice de natalidad desastroso, abocada a que una mayoría envejecida deba ser mantenida por una minoría más joven. Un desajuste demográfico inédito en toda la historia de nuestro país.

En cuanto a los datos objetivos, estadísticos, a los que he podido tener acceso durante estos años al frente de *Memorias de un tambor*, quisiera dejar constancia de algunos. Cuando comencé a publicar audios, el porcentaje de mujeres oyentes era de un 12%, mientras que actualmente es de poco más del 25%. Este dato nos habla de una diferencia natural entre unos y otras en cuanto al interés por la historia, pero también certifica que contar el pasado desde un punto de vista humano hace los contenidos más atractivos para ellas. Constatar este hecho es una de las mayores satisfacciones que me ha proporcionado el pódcast, pues pensaba que no podría revertir la situación. Espero que ese porcentaje siga aumentando, aunque no es algo que me preocupe. Por otro lado, es muy llamativo que, cuando se trata de apoyar alguna iniciativa, la mayoría de las intervenciones, los correos electrónicos y los comentarios en las redes sociales sean de mujeres.

Como soy consciente de que durante el resto de la lectura, salvo en contadas ocasiones, no se las nombrará, sirvan estas páginas como reconocimiento a las mujeres, por su contribución a forjar nuestro pasado y por dejarnos una herencia que, ahora más que nunca, podemos calificar como invisible. Te ruego que no las olvides cuando hablemos de nuestra historia, desde las celtíberas hasta las que siguen luchando por sus derechos en la actualidad.

En particular, deseo expresar mi agradecimiento a mi mujer, por compartir mis inquietudes y ofrecerme constantemente su apoyo.

La importancia que concedo a este tema se ve reflejada en el apartado que le acabo de dedicar, uno de los más extensos del libro. Espero haber transmitido una herencia positiva acerca de la mujer y contribuir con este grano de arena a su definitiva integración.

Mediterráneos

Al intentar asociar unos hechos concretos a la herencia recibida, no deberíamos pasar por alto nuestros orígenes mediterráneos. La región mediterránea ha presenciado el nacimiento y desarrollo de grandes civilizaciones cuya influencia en nuestra cultura es indudable.

La denominación del mar Mediterráneo deriva de *Medi Terraneum*, «en medio de las tierras». Sus excelentes condiciones climáticas hicieron de sus riberas un lugar perfecto para que aflorasen las primeras civilizaciones de la humanidad, allá por el Neolítico. Además, sus aguas tranquilas, las cortas distancias entre sus costas y el gran número de islas propiciaron los encuentros de muchos pueblos. En conclusión, en lo que a nuestros orígenes se refiere, lo que hoy conocemos como península ibérica se encontraba en una ubicación más que privilegiada.

Hacia el 5000 a. C., el Mediterráneo asistió al nacimiento de la primera civilización, la sumeria, concretamente en Mesopotamia, donde comenzó la escritura y, por tanto, la historia plasmada en un soporte físico. Esta cultura se extendería a otras zonas y sería el germen de nuevas civilizaciones como la egipcia, la persa, la griega y la fenicia. Con el desarrollo del Imperio romano, el Mediterráneo y sus pueblos quedarían unidos bajo un mismo sistema político y cultural. Más tarde, el Mare Nostrum, como fue denominado por los romanos, sería la cuna de las religiones monoteístas: el judaísmo, el cristianismo y el islam.

En gran medida, América también es mediterránea debido a la decisiva intervención española y portuguesa. En resumen, si consideramos su influencia cultural y religiosa, el Mare Nostrum es el epicentro de la evolución de la humanidad. Al menos, lo que hoy conocemos como cultura occidental se remonta a sus templadas costas.

Si intentamos descifrar los orígenes de los primeros pueblos que habitaron la península ibérica, apenas encontramos referencias escritas. Tenemos que acudir a los descubrimientos arqueológicos para intentar completar el rompecabezas.

Cuando las primeras grandes civilizaciones mediterráneas arribaron a nuestras costas, ya existían culturas peninsulares muy asentadas y desarrolladas que habían recibido una enorme influencia de los celtas, por lo que es difícil saber cuáles eran las poblaciones autóctonas. Atendiendo a una clasificación genérica, podemos decir que, antes de la llegada de las grandes corrientes culturales mediterráneas, nuestro territorio estaba ocupado por cinco grupos fundamentales.

Los pueblos de influencia celta se extendían por una gran parte del territorio peninsular interior y septentrional. Sin embargo, dentro de esta zona se han detectado culturas anteriores, sobre todo en el oeste. Los íberos estaban establecidos en la región de Levante. En una localización más reducida, en el sudoeste, podemos distinguir a los tartesios y a los turdetanos. Por último, en zonas montañosas del norte se localiza el pueblo aquitano.

No se conoce la ubicación ni el tamaño de Tartessos. Pudo ser una gran ciudad, aunque muchos historiadores hablan de un Estado, que sería el más antiguo de la península ibérica. Los escritos griegos dan cuenta de su gran riqueza minera, agrícola y comercial, así como de la existencia de un rey. La ausencia de restos arqueológicos, salvo un tesoro hallado cerca de Sevilla, alimentan las conjeturas sobre el origen de esta supuesta civilización.

Esta clasificación nos sirve para hacernos una idea muy general. Si ahondamos en el análisis de cada grupo concreto a un nivel tribal, encontramos poblaciones con influencias muy difusas de varias culturas. Esta situación se ha intentado resolver tradicionalmente con el uso del término *celtíbero*, comodín para simplificar la enorme diversidad cultural de nuestro territorio. Como antes comentaba, es la arqueología la que intenta dar respuesta a estos interrogantes. Si queremos dibujar un escenario fiable hasta el 1000 a. C., hay que comprender que se trata de un proceso muy lento.

Concluyendo, encontramos una gran influencia celta de origen indoeuropeo que con toda probabilidad penetró en la península a través de los Pirineos. Por otro lado, tenemos pueblos más cercanos a Levante que pudieron acceder desde África mucho tiempo atrás.

Es el momento de valorar el gran impacto de las diferentes culturas mediterráneas que fueron arribando, secuencialmente, a nuestras costas. Allá por el siglo IX a. C. llegaron a la península unas embarcaciones cuyos tripulantes procedían de un lejano lugar situado al otro extremo del Mediterráneo, a una distancia de 4000 kilómetros por mar, lo que para la época suponía una proeza. Estos marineros y comerciantes, a los que deberíamos denominar «aventureros», eran los fenicios.

Oriundos de las costas de la actual zona del Líbano, norte de Israel y Siria, llevaron a cabo una intensa actividad comercial, siendo la primera civilización marítima mediterránea. Políticamente, estaban organizados y constituidos en ciudades-Estado independientes, cada una con sus propias leyes e instituciones, incluso con un rey. Sabemos que sus clases sociales más influyentes eran la comerciante y la marinera, ambas mayoritarias. Sus ciudades más importantes eran Biblos, Sidón y Tiro.

Aunque los fenicios habían desarrollado avanzadas técnicas de navegación y construcción de barcos, tuvieron que ir estableciendo una cadena de asentamientos costeros a lo largo del Mediterráneo para realizar singladuras más cortas. Así, poco a poco, fundaron un gran número de colonias y factorías, sobre todo en islas y en emplazamientos costeros de fácil defensa. De ahí que desembarcaran en las costas levantinas y del sudoeste peninsular, ya en el Atlántico, en busca de nuevos centros comerciales.

Enseguida se sintieron atraídos por los minerales que ofrecía la zona meridional, como el hierro, la plata y el estaño. Este filón de materias primas los llevó a fundar Gadir (Cádiz) hacia el siglo VIII a. C. Fue una de sus grandes colonias, de similar importancia a la de Cartago, en el norte de África, que se estableció posteriormente.

Imaginemos lo que supuso para las poblaciones íberas y tartésicas el repentino contacto con estos seres «extraterrestres». Los fenicios traían en sus barcos productos desconocidos de origen oriental, como telas, perfumes e incienso. Practicaban el trueque, pues, aunque conocían la moneda, les resultaba más sencillo este sistema por ser el único que utilizaban los pueblos con los que se que iban encontrando. Hay que remarcar que, por su situación geográfica, los fenicios tendieron el primer puente entre Oriente y Occidente.

Trajeron asimismo nuevos conocimientos y una cultura diferente: innovadoras formas de cultivo y de conservación de alimentos en sal, avanzadas técnicas de navegación y de pesca, la cerámica de torno y las creencias en dioses desconocidos. Mención especial merece la metalurgia del hierro, pues recordemos que los pueblos peninsulares estaban abandonando la Edad de Bronce cuando los fenicios llegaron con aquel nuevo metal. Sin duda un gran aporte, pero nada comparado con el regalo más importante: la escritura.

El alfabeto fenicio fue en el que se basó posteriormente el griego, de modo que se puede considerar como la base de la cultura mediterránea. No olvidemos la cercanía de la metrópoli fenicia a la zona mesopotámica, donde nació la escritura. Si comparamos a los pueblos peninsulares con la mayoría de los que se extendían por el planeta, este progreso cultural nos sitúa en un lugar privilegiado, con el mar Mediterráneo como nexo.

Más tarde, hacia el siglo VIII a. C., procedente asimismo del otro extremo del mar, comenzó a introducirse en la península otra gran cultura: la griega. Enemigos de los fenicios por el control del Mediterráneo, los helenos experimentaron un fuerte crecimiento demográfico y se expandieron por las costas del norte. Penetraron en la península desde la actual Francia, concretamente a través de su colonia de Massalia (Marsella), y también contactaron con la influyente cultura de Tartessos, según relatan los escritores griegos clásicos.

La arqueología nos ha desvelado dos colonias griegas importantes, muy cercanas entre sí: Ampurias y Rodas, fundadas hacia el siglo VI a. C. en la actual costa catalana. Hay constancia escrita de que hubo otras diseminadas a lo largo del litoral levantino, al norte del río Staber (Segura), pero la arqueología no ha confirmado su ubicación.

Los griegos trajeron algo tan nuestro como el olivo. Además, aportaron nuevas letras al alfabeto y dejaron su impronta artística, pero, sobre todo, acuñaron las primeras monedas en la península y las pusieron en circulación.

Con la decadencia del comercio fenicio, hacia el siglo VI a. C. entra en juego una nueva potencia mediterránea: Cartago. Este hecho coincide con el ocaso de Tartessos, probablemente a causa de la agresiva política cartaginesa. No olvidemos que Cartago era originalmente un importante asentamiento fenicio.

Es fundamental recordar que el avance del Imperio babilónico en Oriente tuvo una enorme influencia en el desarrollo de las ciudades fenicias y griegas. Estas, al verse sometidas, comenzaron a abandonar sus establecimientos originales en favor de las nuevas colonias occidentales. Fue el caso de la ciudad fenicia de Cartago, que experimentó un extraordinario crecimiento y se convirtió en un núcleo de primer orden. Para proteger el comercio fenicio frente a Tartessos, reforzó el litoral peninsular con diversos enclaves. Pero aquello solo fue un paso previo a su expansión. Pronto comenzarían a oprimir a los pueblos íberos y a extenderse a lo largo del litoral de Levante. En el 500 a. C. llegaron a Gadir, de donde expulsaron definitivamente a los fenicios allí establecidos. Su gran asentamiento, que podríamos considerar su capital, fue Qart Hadasht, más tarde conocida como Carthago Nova (Cartagena).

El potente ejército cartaginés se nutrió en buena parte de soldados íberos que combatieron en diversos lugares del Mediterráneo. Está por determinar en qué medida estos hombres eran soldados o se les podría calificar de mercenarios.

Ya se dejaban ver los primeros movimientos de lo que sería el Imperio romano. La Primera Guerra Púnica, librada con Roma hacia el 264 a. C., terminó con la derrota de Cartago, que perdió sus territorios en la península.

El líder cartaginés Amílcar Barca reconquistó las antiguas posesiones venciendo la dura resistencia que opusieron los íberos. Después de una feroz represión, Cartago volvió a contar con la ayuda íbera. A la muerte de Amílcar, la sucesión recayó en Asdrúbal, momento en el que las posesiones cartaginesas llegaban hasta el río Ebro, en un claro incumplimiento de los tratados con los romanos. Sin embargo, estos aceptaron la nueva frontera con la condición de que no fuese traspasada.

Asdrúbal muere en el 221 a. C. Lo sustituye el joven Aníbal, quien prosigue la expansión por la península hasta Helmántica (Salamanca). El único enclave que quedaba libre del dominio cartaginés era Sagunto, ciudad que se había aliado con Roma. Aníbal atacó Sagunto en el 219 a. C. y conquistó la fortaleza tras un largo asedio que pasaría a la historia. El sitio y caída de Sagunto provocó la inmediata reacción de Roma, lo que dio comienzo a la Segunda Guerra Púnica, clave en la historia del Mediterráneo y de Occidente.

En el 218 a. C., los romanos pisan por primera vez la península al desembarcar Publio Cornelio Escipión en Ampurias. Años más tarde, el general y político romano tomaría Carthago Nova. Los cartagineses serían expulsados definitivamente de la península hacia el 205 a. C.

En el 201 a. C., tras una larga contienda, Roma venció a Cartago. Llega entonces el auge del Imperio romano, que cambiaría para siempre la estructura y la forma de vida de los territorios dominados, entre ellos el nuestro.

No podemos cerrar este capítulo sobre nuestra ascendencia mediterránea sin mencionar la influencia recibida del pueblo judío. En los textos bíblicos se refiere Tarsis, que se ha identificado con Tartessos, lugar con el que Israel mantenía tratos comerciales allá por el siglo IX a. C. En Israel había muchos de los minerales que se han encontrado en la zona. Si este comercio existió, como todo parece indicar, habría que añadir el pueblo judío a la relación de culturas lejanas con las que nuestros antepasados tuvieron contacto.

No olvidemos que israelitas y fenicios se aliaron durante largo tiempo, por lo que no es de extrañar que los primeros arribaran a la península en la misma época que los segundos, o incluso en su compañía. Sin embargo, aparte de aquellos contactos comerciales, la primera presencia de judíos en nuestro territorio tal vez haya que fecharla más tarde, hacia el siglo II a. C., ya en tiempos de la dominación romana.

Han sido varios los audios del pódcast dedicados a esta temática. Al prepararlos llegué a algunas conclusiones que me gustaría compartir contigo. La introducción histórica que acabamos de recorrer me parecía imprescindible para valorar lo que significa el Mediterráneo en nuestro presente. El intercambio con aquellos primeros pueblos tan lejanos marcó nuestra actual identidad como españoles.

Cuando analizo este período histórico, siempre dedico tiempo a reflexionar sobre la enorme diversidad de orígenes que atesoramos antes de la llegada de los romanos, los visigodos, los bizantinos y los musulmanes. Aquellos primeros pueblos que nos visitaron con el principal objetivo de obtener minerales no eran conquistadores. Este es un dato que considero vital para comprender lo que pudo ocurrir durante aquellos siglos. Es muy llamativo que estuviera normalizada la convivencia entre culturas y personas tan distintas. De lo que se desprende que nuestros antepasados no eran tan básicos o primitivos en su capacidad para socializar como podríamos creer.

Otra reflexión recurrente atañe al tiempo que hace de la visita de estas civilizaciones. He comenzado el libro incidiendo en lo relativo que es valorar el tiempo transcurrido desde un hecho pasado. ¿Qué es para nosotros un suceso antiguo?

Si comparamos los 50 000 años que han pasado desde la aparición del primer ser humano en la Tierra y la llegada de los primeros fenicios a la península, en el siglo VIII a. C., hace tan solo 2800 años, convendrás conmigo en que un fenicio es alguien que, en términos absolutos, pasó por aquí anteayer.

Cuando veo fotografías de los años sesenta, con aquellas vestimentas, aquellos coches y aquellas costumbres, recuerdo nítidamente la época. Esas personas a las que hoy observo ajenas a mí, a las que veo como «fenicias», formaron parte de mi vida no hace mucho. Con esto quiero remarcar que el tiempo pasa a una velocidad vertiginosa. Mi padre vivió la Segunda Guerra Mundial, mi abuelo la Primera y mi bisabuelo conoció a Alfonso XII. Remontándonos solo tres generaciones, nos trasladamos asombrosamente a mediados del siglo XIX.

Como ya hemos apuntado en los primeros apartados del libro, creo que no debemos perder esta perspectiva del tiempo. En el fondo, apenas existen diferencias entre un íbero que intercambiaba mercancías con un fenicio y un español de la actualidad que compra un producto chino por internet. Esta parte del libro tiene como objetivo recordar de dónde venimos y remontarnos a nuestros inicios. Culturalmente, no importan tanto los orígenes genéticos de los españoles como lo que hemos absorbido a lo largo de los siglos. Los pueblos celtas, por ejemplo, aunque procedían del norte, se integraron en el ámbito mediterráneo y terminaron por romanizarse, como veremos enseguida.

Por último, quisiera llamar la atención sobre el hecho de que muchas personas de los países del norte de Europa etiqueten a los habitantes del Mediterráneo como ciudadanos de segunda. Quizá desconozcan que su civilización, exactamente la misma que la nuestra, tuvo su origen en nuestras costas. Es una muestra más del ascenso de lo tribal no solo en la sociedad española, sino en todo Occidente. El afán por distinguirse del otro de acuerdo con falsos elementos identitarios nos conduce al abismo del olvido de nuestras raíces comunes.

Romanos

Tras el desembarco de Escipión en Ampurias en el 218 a. C., los romanos emprendieron la conquista de la península. Aquel territorio, nueva provincia de Roma, fue denominado Hispania. Para que nos hagamos una idea de la trascendencia de este hecho histórico, la península estuvo siete siglos bajo dominio romano.

En una primera fase, Roma extendió su poder a lo largo de las costas de Levante y de la actual Andalucía. Posteriormente, a partir del 150 a. C., comenzó el sometimiento de las regiones celtas del interior. Tuvieron que vencer la resistencia de los lusitanos y de su caudillo Viriato, así como la de los arévacos en Numancia, tras cuya caída ya se puede considerar que Hispania quedó bajo dominio romano.

Tan solo se libraron pequeñas zonas al norte, habitadas por astures y cántabros. Hubo varios intentos de sometimiento, algunos exitosos, pero estos pueblos obligaron a Roma a mantener guarniciones en las estribaciones de las regiones montañosas septentrionales.

Aunque la romanización fue mucho más profunda en la zona mediterránea, valle del Ebro y sur peninsular, el grueso de los pueblos íberos y celtas fueron asimilados. Por primera vez tras la conquista total del territorio podemos hablar de unos pueblos integrados bajo un mismo poder y con cierta identidad propia. Muchos autores concluyen que ya se puede hablar de una unidad nacional peninsular bajo el dominio romano. Personalmente, pienso que es algo precipitado y me adhiero a quienes sitúan este embrión nacional en la época visigoda, como ya he dicho. De cualquier modo, creo que esto carece de importancia; lo significativo es conocer nuestro pasado y formarnos nuestra propia opinión.

El impacto de las nuevas costumbres romanas fue tan extraordinario que las culturas de los viejos habitantes de Hispania no tardaron en desvanecerse. Se había constituido la sociedad hispanorromana.

Vamos a enumerar ahora, brevemente, qué elementos introdujeron los romanos en la península, los cuales explican la facilidad con la que penetraron en aquellas sociedades celtíberas.

Si bien la antigua Grecia es la cuna de la democracia, Roma perfeccionó este sistema político. En efecto, separó los poderes ejecutivo, legislativo y judicial mediante cónsules, senadores y jueces. Las asambleas populares aristocráticas tenían capacidad de elección de los cónsules. Aunque esta democracia no estaba desarrollada tal como hoy la conocemos, supuso un enorme cambio en la forma de vida de los pueblos bajo dominio romano.

En el terreno de la justicia, el avance más radical fue el amparo de la ley a todas las personas, sin tener en cuenta su estatus social. Se celebraban juicios con jurado y aparecieron los derechos civiles y los testamentos.

Los romanos potenciaron el desarrollo urbano y convirtieron pequeñas poblaciones en ciudades. Vertebraron el territorio con centros de comercio y de poder que controlaban su correspondiente ámbito territorial. Para ello se valieron de uno de los elementos más importantes de la romanización: la calzada romana. Claro ejemplo de innovación tecnológica, en un principio se construyeron para facilitar el traslado de las legiones y consolidar el poder militar. Más tarde, esas mismas calzadas conectaron miles de ciudades y fomentaron el comercio entre ellas. Cuando una población se sometía a Roma pacíficamente, lo habitual era construir una calzada para unir ese nuevo asentamiento del Imperio con el resto de la red. Miles de kilómetros recorrieron nuestra geografía, perfilando un trazado muy parecido al que tenemos en la actualidad. De hecho, si pudiéramos excavar bajo cualquiera de las seis carreteras radiales de las que disponemos, probablemente encontraríamos una calzada romana. Cuál no sería el grado de perfección de su diseño si su calidad no fue igualada hasta la tardía construcción de carreteras a finales del siglo XIX.

En su arquitectura ya conocían y utilizaban un hormigón básico llamado *opus caementicium*. Las construcciones con este material eran tan sólidas que han transcurrido más de dos mil años y todavía las podemos ver en pie. Para controlar el suministro de agua, levantaron acueductos que han estado prestando servicio hasta hace muy pocos años. Construyeron redes de alcantarillado para sanear los barrios. Todo este conjunto de obras, acueductos, puentes y murallas es testigo de la extensión del dominio romano hace más de veinte siglos.

En cuanto a la cultura, el desarrollo de las artes, el teatro y los espectáculos deportivos propició la integración de las diferentes clases sociales y desarrolló la imaginación y la ocupación del tiempo libre en forma de ocio.

Aparecieron las bibliotecas públicas, las piscinas, los baños y las termas. Se construyeron ciudades adaptadas a las personas, con lugares de esparcimiento, parques y fuentes. Todo ello en zonas públicas para que pudiera disfrutarlo cualquier ciudadano, sin que importara su procedencia. Dotaron a las urbes de servicios de vigilancia y parque de bomberos para luchar contra los temidos incendios.

Un elemento fundamental es la introducción del cristianismo. El emperador Teodosio lo convirtió en la religión oficial romana en el 380. Se produce de este modo una unión de lo judío y lo cristiano con el mundo grecorromano. Esta fusión marcaría el rumbo de la historia en nuestro territorio. Seamos o no creyentes, hemos recibido una herencia religiosa que ha determinado nuestro presente, de ahí que debamos comprenderla si queremos comprender lo que hoy somos.

Creo que no es necesario insistir en la importancia de la espiritualidad para las gentes de aquellos tiempos, asunto que ya hemos tratado. En cualquier caso, explica que en períodos posteriores saliéramos en defensa del cristianismo. Lo veremos durante la Reconquista, por poner el ejemplo más representativo.

Para cerrar esta reflexión sobre la indiscutible pertenencia a lo romano, vamos a tratar un aspecto primordial en nuestra cultura y en nuestras raíces: el idioma.

Los primeros romanos que llegan a Hispania son, lógicamente, soldados. Una vez que los territorios se hayan pacificado, se les unirán todo tipo de funcionarios, comerciantes e incluso colonos en busca de una nueva vida. Al fusionarse con los pueblos peninsulares, la organización en Hispania pasa a ser como la de cualquier otro lugar del Imperio. La nueva sociedad romana se divide en ciudadanos libres, ciudadanos con libertad restringida, habitantes libres no ciudadanos, libertos y esclavos.

Conforme el asentamiento romano cobra consistencia, la población nativa peninsular va adoptando el latín como lengua normalizada, sin necesidad de que se lo impongan, con el objetivo de adquirir la ciudadanía romana, pues esta implica el acceso a un peldaño social superior. Tan solo reducidos reductos montañosos del norte, en la zona vasca, se muestran impermeables a la imparable influencia del latín. En esencia, las lenguas nativas se fueron diluyendo hasta desaparecer por el interés en adoptar una lengua y una cultura superiores que solo ofrecían beneficios. Hispania se convirtió en una provincia más del Imperio y llegó a ver nacer a grandes escritores en latín que pasarían a la historia.

En general, el latín que se hablaba en la península se conoce como «vulgar». Era utilizado en los ámbitos sociales más comunes, como la familia, las calles o el comercio. No se asociaba a la incultura, pues cualquier ciudadano romano de nuestro territorio lo utilizaba en su vida cotidiana, con independencia de su nivel académico. La forma más culta del latín, la clásica, se reservaba para la literatura y para los actos formales, en los que los ciudadanos romanos estaban obligados a emplearlo por escrito.

La modalidad oral del latín, la más popular, tiene una importancia capital porque de ella nacerán las diferentes lenguas romances, sobre todo a partir del siglo III. Las diferencias en el habla de los pueblos romanizados podían ser notables, en función del siglo en el que el Imperio había llegado a cada zona y de las distintas fases de su implantación.

En el caso de la Hispania romana, la invasión se produjo durante el siglo II a. C., cuando aún no se había desarrollado el latín clásico. Esta circunstancia moldeó nuestra lengua sobre la base de un latín más antiguo e hizo que muchas de las palabras que utilizamos no tengan parangón en los demás países latinos (aquí cabe perfectamente el término *latino*). Tampoco debemos dejar de lado la lejanía respecto de la metrópoli, pues provocó que las evoluciones del latín tuvieran una mayor dificultad para arraigar en Hispania.

Tras la caída del Imperio romano, allá por el siglo V, las capas más cultas de la sociedad fueron abandonando el uso del latín. Por lo que a su modalidad vulgar se refiere, se dividió en dialectos romances hispánicos como el catalán, el navarro-aragonés, el astur-leonés o el gallego-portugués. El más importante fue el dialecto románico castellano, origen del idioma español.

Roma, otra cultura mediterránea que dejó su huella en nuestra historia, cambió de manera trascendental la vida de los habitantes peninsulares. A menudo se censura al Imperio romano por la represión y disolución de las culturas que se encontró a su paso. Esta crítica pueril nos lleva de nuevo al concepto de «gafas de la época». Nos encontramos con una crítica anacrónica como la que se lanza contra la expansión española en América.

A pesar de los procedimientos violentos propios de la época de los que se sirvió para dominar los territorios conquistados, Roma revolucionó las vidas de los habitantes del Mediterráneo como lo harían posteriormente los españoles con la de los indígenas. Los romanos establecieron un Imperio integrador y gran parte de sus conquistas no fueron producto de la espada, sino de una mezcla de esta con la asimilación cultural.

Ya hemos hablado de los visigodos y del nacimiento de España, pero me gustaría incidir en la potencia de la cultura romana y en su profundo arraigo entre la población peninsular. La invasión visigoda de la Hispania romana consiguió sus objetivos militares, pero no logró una supremacía cultural. Los visigodos fueron absorbidos por la sociedad hispanorromana desde un punto de vista social y, a la larga, también religioso. Este hecho nos da una idea del elevado nivel sociocultural que se llegó a desarrollar en lo que hoy es España durante los siete siglos de dominación romana.

Hispania fue una de las provincias que alcanzó un mayor grado de romanización, lo que fue clave en la herencia recibida. Las sociedades «celtíberas» fueron las primeras en experimentar el cambio, pero nosotros también somos parte de ese largo proceso. Roma nos proporcionó multitud de avances que seguimos disfrutando en la actualidad, aunque a menudo no seamos conscientes de ello.

A día de hoy forman parte de nuestra vida cotidiana el derecho romano, la religión cristiana, la igualdad ante la ley y diversas costumbres que se remontan a aquellos lejanos tiempos. El español, procedente del latín, es el segundo idioma más hablado en el mundo. Y la lengua latina se sigue utilizando en derecho, filosofía, religión y ciencia.

Cuando yo estudiaba BUP y COU, hace ya mucho tiempo, tuve la fortuna de aprender latín y griego, circunstancia que me ofreció una amplitud de conocimientos que jamás podré agradecer lo suficiente. Hoy, las lenguas clásicas son un reducto para «raros», asignaturas olvidadas en la enseñanza media como si nos fueran ajenas. A modo de triste anécdota, recientemente una persona dedicada a la docencia me contaba cómo en una reunión de padres de alumnos se puso en duda la utilidad de la enseñanza de los números romanos a los niños de Primaria. Desarrollaría ampliamente esta disfunción social, propia de un sistema educativo centrado en un burdo hedonismo, pero creo que este no es el lugar indicado.

Los españoles y, por ende, todos los hispanos estamos unidos por un indestructible lazo a las antiguas culturas clásicas romana y griega (aunque a esta última no le hayamos dedicado un espacio propio en este libro). No olvidemos que el período histórico que cerró la Edad Media, el Renacimiento, que tanto valoramos, consistió en recuperar los modelos clásicos romanos y griegos, una corriente cultural que llegó asimismo a la América española.

Hay una frase que se remonta a la Edad Media y que puede parecer trivial, pero denota la influencia de lo romano en nuestra herencia y en el devenir de la humanidad: *Omnes viae Romam ducunt*, es decir, «todos los caminos conducen a Roma».

Árabes

Tras la decadencia romana, la península recibió la visita de los visigodos. Estos pueblos del norte, originarios de las costas de la actual Suecia, dejaron una leve huella en la forma, pero una profunda impronta en el fondo, como hemos visto anteriormente. En el aspecto cultural no eran ni por asomo tan potentes como en el militar, de ahí que apenas introdujeran sus conocimientos de orfebrería y dejaran tan pocas palabras en el vocabulario latino. Sin embargo, fueron artífices del primer proyecto nacional o protonacional español.

Antes de abordar la presencia árabe, vamos a dejar unas pinceladas sobre otra cultura que se asentó en nuestra península: el Imperio bizantino, o Imperio romano de Oriente. Para entender su procedencia, hay que decir que el Imperio romano se desgajó en dos: Oriente y Occidente. Este último colapsó, pero el de Oriente persistió durante siglos, hasta el Renacimiento. La toma de Constantinopla por los turcos, a mediados del siglo XV, marcaría su final.

La conquista del sudeste peninsular por parte de los bizantinos se produce en época de Justiniano I, que entre los siglos VI y VII logró restaurar el viejo Imperio romano en todos los territorios bañados por el Mediterráneo, salvo en la península. Aquí se dirigieron entonces y dejando su huella durante algo menos de un siglo, hasta que los visigodos los expulsaron. Su influencia fue leve porque sus fundamentos eran romanos. Incluso conservaban el latín como lengua.

Los bizantinos constituyeron la provincia de Spania, probablemente una zona cedida por los visigodos, y aunque solo impusieron su dominio durante setenta y cinco años, merecen un espacio por el desconocimiento que se tiene de este período. La provincia era una amplia zona que abarcaba el sudeste de Andalucía y el sur de Levante, si bien las fronteras han sido siempre muy difusas por falta de documentación.

Seguimos avanzando y nos encontramos con que el proyecto de consolidación del reino visigodo se vio frustrado por la invasión árabe en el 711. Comenzó entonces un largo proceso de recuperación de territorio que se iniciaría en Covadonga en el 722 para concluir con la toma de Granada en 1492. Esta fase se analizará en un apartado posterior.

Si sumamos los tiempos de ocupación parcial de la península por los árabes, llegamos a casi ocho siglos. Se trata de ese largo período del que siempre nos hablan en la escuela, por lo menos así fue en el caso de mi generación. He incluido a propósito el término *parcial* para constatar que siempre hubo zonas en las que aquellos descendientes de hispanorromanos, mezclados con la aristocracia visigoda y cristianos todos, permanecieron libres de la dominación.

A la hora de afrontar tantos siglos de dominación, es casi imposible no contaminarnos con las visiones de acontecimientos recientes. Si analizamos el ambiente de sociedad polarizada en el que vivimos, la idea de lo árabe referido a la etnia, o de lo musulmán referido a lo religioso, es motivo de controversia o fricción. Primero, existe una opinión bastante extendida que percibe al musulmán como a un radical religioso. En el otro extremo encontramos el «buenismo» de lo políticamente correcto, que cierra los ojos ante los flagrantes atentados contra la libertad individual que sufren las gentes de estos países. Así, podemos ver a feministas españolas defendiendo el aborto libre y, al mismo tiempo, justificando todo tipo de desprecios y atropellos contra la mujer musulmana con la excusa del respeto a su cultura. El problema es que con estas ideas solo se avanza en un antagonismo absurdo.

Entrando en los pormenores de mi experiencia con el pódcast, he recibido numerosos correos recriminándome que no haya publicado ningún audio sobre al-Ándalus, en lugar de proponerme que prepare uno sobre este asunto. Estas personas no se plantean otro motivo que no sea una decisión interesada en ocultar ese período histórico. Por supuesto, la ausencia de episodios sobre el tema no es deliberada. Comento esto para que veas lo que ocurre cuando alguien no ve las cosas con la distancia y el juicio necesarios, en este caso en relación con un contenido cultural que además es gratuito e independiente.

Se puede comprobar que, con esta predisposición intelectualmente adulterada, se está vulnerando el artículo primero de las «normas» para el análisis de los sucesos de la historia: ponerse las «gafas de la época». Y, lo que es peor, el pasado no solo se analiza con criterios modernos, sino que se somete a distorsiones presentes. Toda una calamidad.

Para ahondar en nuestra herencia árabe, que, por otro lado, me parece indiscutible, vamos a tomarnos una taza de sentido común. Contemos simplemente lo que pasó y las repercusiones de aquellos siglos en nuestra vida. Tal y como hemos hecho con Roma.

El tema de al-Ándalus siempre suscita el viejo problema del grado de unión entre los diferentes grupos que poblaban la antigua Hispania. Todos sabemos que en la península coincidieron durante ocho siglos las culturas cristiana, musulmana y judía. Los más optimistas hablan de «convivencia», mientras que otros prefieren hablar de una mera «coexistencia». A mi parecer, es imposible hablar de una situación mínimamente uniforme en todo el territorio. Las relaciones entre estas comunidades dependían de factores tan peregrinos que un análisis general es imposible. Hay constancia de significativos períodos de convivencia pacífica, pero también de persecuciones y asesinatos en masa, sobre todo contra la comunidad judía, asunto que se trata en uno de mis audios.

Por todo ello, lo mejor es no generalizar para no caer en el error de etiquetar una época tan confusa como esta. Recomiendo leer sobre el tema y, luego, dar un paseo por alguna de las numerosas juderías o morerías que albergan nuestras ciudades y pueblos, intentando imaginar cómo vivían aquellos antepasados nuestros. Porque descendemos de todos ellos, cristianos, musulmanes y judíos, así que les debemos respeto por su legado.

Vayamos al tema que tenemos entre manos, que no es otro que la herencia recibida de la cultura árabe durante un período similar al de la ocupación romana, aunque prefiero decir «presencia» en lugar de «ocupación».

A partir del 711, tras la victoria sobre los visigodos en la batalla de Guadalete, la invasión árabe recorrió como un rayo la península. Llegaron a conquistar la mayor parte del territorio en menos de diez años, lo que siempre me ha llamado la atención. La estructura visigoda debía de estar políticamente muy fragmentada para derrumbarse tan rápido. De hecho, la invasión árabe la propiciaron facciones visigodas interesadas en alentar luchas internas con el fin de alterar el poder establecido. Esto los llevó a buscar aliados al otro lado del Estrecho, sin sospechar los catastróficos efectos de aquella maniobra política. Aunque se denominen «árabes», hay que decir que entre los grupos que cruzaron el estrecho de Gibraltar había numerosos contingentes de sirios y bereberes norteafricanos.

No se puede hablar propiamente de «conquista militar», pues la mayoría de las poblaciones peninsulares se anexionaron mediante pactos. Hispania (o Spania, como la llamaban los visigodos) se convirtió en al-Ándalus y comenzó el proceso de islamización.

Muchos hispanos se movilizaron hacia el norte en busca de refugio en zonas montañosas de muy difícil acceso. Allí nacieron los primeros reinos cristianos que se opondrían al poder árabe.

Al-Ándalus pasó a depender del Emirato de Damasco, y su capital se estableció en Sevilla, para trasladarse más tarde a Córdoba. Allí, con Abderramán I, se proclamó en el 773 el Emirato de Córdoba, independiente de Damasco. En el 912 accederá al poder Abderramán III, artífice de la unidad de al-Ándalus, que infligirá severas derrotas a los reinos cristianos del norte y proclamará el Califato de Córdoba. En este momento podemos hablar de un auténtico apogeo árabe.

Hacia finales del siglo x aparece la figura de Almanzor. Un caudillo que se mantuvo a la sombra del califa hasta que anuló su poder y le arrebató el mando efectivo del Califato. Sus victoriosas campañas contra los territorios cristianos hicieron que pasara a la historia como uno de los personajes más temidos durante todo el período andalusí.

El vacío de poder que siguió a la muerte de Almanzor en el 1002, tras una época de mano de hierro, derivó en una división del territorio. El califa, Hisham III, asistió al inicio del período conocido como «de los reinos de taifas». Esta desunión permitió a los cristianos, cada día más poderosos, emprender una etapa de resuelto avance hacia el sur que ya no tendría marcha atrás.

Al percibir en este cambio de escenario un grave peligro para la integridad territorial de al-Ándalus, los reyes de las taifas solicitaron, hacia el 1086, el auxilio de los pueblos musulmanes del norte de África, los almorávides, que enviaron a la península un potente ejército. Los cristianos, en graves aprietos, lograron sin embargo salvar la situación e incluso avanzaron hacia el sur al cabo de unos años.

Se produjo una nueva petición de ayuda y esta vez los que acudieron, en torno a 1140, fueron los almohades, que caerían derrotados en la batalla de Las Navas de Tolosa, en 1212. Los reinos de taifas, incapaces de contener el empuje cristiano, se fueron derrumbando hasta que solo quedó el reino nazarí de Granada, conquistado finalmente en 1492. Este crucial acontecimiento pone fin al dominio árabe en la península.

Al igual que había ocurrido con la romanización, la forma de vida de los habitantes de la península cambió por completo. Los hispanovisigodos fueron absorbidos de manera implacable por aquella nueva cultura llegada de Oriente. Si bien se conocen ejemplos de tolerancia religiosa con los antiguos cristianos, esto no era lo habitual. Lo digo porque hoy en día es muy común oír hablar de la tolerancia musulmana hacia los cristianos sometidos y de la intransigencia cristiana hacia los musulmanes como si fueran hechos contrastados.

Antes comentaba que la casuística es tan variada que no permite generalizar. Basta con imaginar la cantidad de situaciones que se pudieron dar a lo largo de ocho siglos en un territorio tan extenso. Y, por desgracia, los testimonios escritos siempre están tocados de una visión magnánima hacia los hechos propios, ya sea en territorio cristiano o árabe. Si los testigos de la época tienen una fiabilidad relativa, ¿cómo se atreve nadie a interpretar taxativamente lo que pudo ocurrir hace más de mil años? Es algo que hacen incluso algunos historiadores, siempre con la intención de manipular la historia en beneficio de una determinada ideología. Es decir, si alguien quiere atacar al cristianismo del presente, algo muy común en determinados sectores, ensalza la España musulmana de hace siglos. Y si, por el contrario, desea denigrar a los musulmanes del siglo x, los relaciona con los atentados del 11-M. Algunos se han fanatizado tanto que emplean en sus discursos argumentos falsos y emocionales que buscan hasta debajo de las piedras. Manosear la historia es uno de los actos más abyectos que se me ocurren. Privamos de la libertad de saber a las generaciones presentes y, por otro lado, somos desleales con la herencia recibida.

Vamos a enumerar ahora algunos avances que introdujeron los árabes tras su llegada a la península, para calibrar el valor de su herencia.

Trajeron el dominio del agua en forma de presas, la optimización de regadíos y los saneamientos urbanos. Desarrollaron tratados de óptica, el tinte para las ropas y el curtido de las pieles. Introdujeron medicamentos en forma de jarabes, nuevas especias (como el anís), el melón, la sandía, la berenjena, la pasta y el azúcar cristalizado. La ciencia fue otro campo en el que demostraron su sabiduría. Nos legaron muy avanzados conocimientos de astronomía, medicina, farmacia y matemáticas, netamente superiores a los de los reinos cristianos en sus orígenes.

Podría escribir muchas páginas pormenorizando sus conocimientos científicos y humanísticos, y dudo si acabaría haciéndoles justicia. Pero no puedo dejar de detenerme en dos legados que seguimos utilizando cotidianamente: la lengua y los números.

Con la invasión llegó una nueva lengua totalmente distinta al romance que se hablaba en la península. Hay que destacar que ambas convivieron y dieron lugar a una nueva lengua romance utilizada por los hispanogodos que permanecieron en las tierras conquistadas: el mozárabe. Así, nos encontramos con que era frecuente que un habitante de al-Ándalus usara esta última además del árabe puro.

El mozárabe fue adoptando diferentes formas en función de la zona. Evidentemente, no era una lengua reglada y fue sufriendo modificaciones hasta convertirse en distintos dialectos. En los reinos cristianos, por su parte, persistió la lengua romance, aunque se dividió en las variantes que a la larga acabarían derivando en las actuales lenguas cooficiales de España.

Las lenguas romances mozárabes fueron desapareciendo paulatinamente, de forma que cuando los territorios volvían a manos cristianas no se encontraban personas que las hablaran.

La escasez de información y de textos sobre este alejado período de la historia no permite que los investigadores sean categóricos. No obstante, este tiempo de bilingüismo se deduce de la enorme presencia de palabras de origen árabe en la lengua romance, así como en los términos de esta última que aparecen en algunas obras en árabe. Es de suponer que la población mozárabe que habitaba las zonas reconquistadas por los cristianos también debió de influir en el idioma de estos últimos.

Desde finales del siglo XII, los árabes que vivían en los territorios reconquistados por los cristianos fueron llamados «mudéjares», que dieron nombre al impresionante arte que podemos contemplar en extensas zonas de España. La población mudéjar conservó su lengua hasta que fue obligada a convertirse al cristianismo; pasaron entonces a ser «moriscos». En 1609 fueron expulsados definitivamente de España, lo que supuso la desaparición de las últimas poblaciones de habla árabe.

Antes de proseguir, me parece oportuno que nos detengamos para aclarar los diferentes términos que se utilizan para designar a las distintas comunidades árabes que habitaron España durante más de siete siglos. Es muy común el empleo de palabras inexactas.

Un *musulmán* es quien profesa la religión de Mahoma, recogida en el Corán, mientras que el conjunto de los musulmanes forma el *islam*. Se denomina *árabe* a quien ha nacido en Arabia o en su zona de influencia. Un *moro* es el originario de Mauritania («tierra de moros») y del norte de África. Un *mudéjar* es aquel musulmán que continúa viviendo en territorio cristiano y conserva su religión. Llamamos *moriscos* a los moros convertidos al cristianismo que permanecieron en España una vez que hubo concluido la Reconquista.

De lo anterior se desprende que la península fue conquistada primero por árabes y posteriormente por moros (almorávides y almohades). También, que un marroquí no es un árabe, así como que un chileno puede ser perfectamente musulmán.

Continuemos con el repaso de algunos términos. Un *mozárabe* es un cristiano que permanece en territorio musulmán tras la invasión de la península, conservando su religión. Se denomina *muladí* al cristiano que se convierte al islam tras la conquista.

Después de todo lo comentado, creo que no quedan dudas sobre lo cercana que debemos sentir la herencia que nos ha transmitido al-Ándalus. Pero todavía no hemos terminado. Vamos a ahondar en su herencia lingüística para tomar consciencia de su huella en nuestra forma de expresión cotidiana.

A la lengua árabe debemos la colocación del prefijo *al-*, que se corresponde con el artículo español *el* o *la*, en multitud de sustantivos: *álgebra*, *alcalde*, *albaricoque*, *aljibe*, *alcohol*, *alfombra*, *almuerzo*, *alcantarilla*, *aldea*, *almohada*, *alquiler*, etcétera. También hemos tomado prestado el sufijo *-í* en la composición de gentilicios y sustantivos: *marroquí*, *ceutí*, *jabalí*, *muladí* o *baladí*, por ejemplo. Como curiosidad, son también de origen árabe: *fulano* y *mengano*, *ojalá*, *guay*, *olé*, *aceite*, *azúcar*, *naranja* o *limón*. Encontramos asimismo una gran influencia en los topónimos: Almería, Albacete, Alcalá, Guadalquivir, Guadalajara, La Mancha, Calatayud o Murcia. El prefijo *guad-*, procedente de *wadi*, significa «río».

La lista de arabismos es muy larga. Para hacernos una idea, sabemos que más de 4000 palabras del español son arabismos, aunque muchas han caído en desuso. Esto supone, nada más y nada menos, que el 8 % del vocabulario de nuestro idioma, solamente por detrás de las palabras que derivan del latín.

No quiero cerrar la cuestión lingüística sin valorar hasta qué punto enriquecieron la cultura de España y de la Europa cristiana los textos árabes, cuya importancia se pone de manifiesto cuando los propios reyes cristianos crean la Escuela de Traductores de Toledo. Aunque su fundación se suele atribuir a Alfonso X el Sabio, en el siglo XIII, en realidad data del siglo XII. Como ya hemos comentado, la llegada de las oleadas almorávides y almohades, que imponían el islam más extremo, hizo que una buena cantidad de eruditos, tanto musulmanes como judíos, se establecieran en zonas cristianas. Este traslado permitió salvar una gran cantidad de documentación escrita. Uno de los núcleos receptores de estas obras fue la recientemente reconquistada ciudad de Toledo.

En la escuela se tradujeron obras de matemáticas, astronomía, medicina y filosofía. Tal fue su importancia que llegaron muchos sabios procedentes de toda Europa, ávidos por conocer aquella literatura árabe. Por poner un ejemplo significativo, el conocimiento de la filosofía de los griegos clásicos, así como de notables pensadores árabes, se debe a las traducciones realizadas en Toledo. Autores como Ptolomeo, Galeno o Hipócrates se dieron a conocer en Occidente gracias a los escritos árabes almacenados en la escuela toledana. Con la llegada de Alfonso X, la institución se reforzó multiplicando el número de traductores. Incluso se vertieron obras al latín y al castellano, lo que impulsó su difusión.

Nosotros somos muy conscientes de esta maravillosa herencia, pero muchos europeos desconocen que le deben al rey Alfonso X y a la cultura árabe una gran parte de sus conocimientos y de su desarrollo intelectual y científico. Si esta herencia cultural no nos vincula con el mundo árabe es que no nos hemos enterado de nada.

Para finalizar con la huella árabe, me voy a ocupar de su mayor herencia a nivel práctico: los números.

En el mundo posromano, incluidos nuestros reinos cristianos, se continuaba utilizando la numeración romana. La llegada de los árabes a la península trajo el nuevo sistema numeral indoarábigo, con base decimal y diez únicos símbolos. Su nombre se debe a que fue inventado en la India, se cree que a finales del siglo VI, aunque los árabes lo perfeccionaron. La numeración romana tenía el problema de la acumulación de símbolos para representar grandes cantidades, lo que hacía que resultara poco práctico en las operaciones complejas. Además, estos cálculos aritméticos excedían la capacidad de cálculo de la mayor parte de la población.

La primera referencia a esta numeración se remonta a la segunda mitad del siglo VII, aunque no se sistematizará hasta finales del VIII, momento en el que se expande a todo el mundo árabe. Es a partir del siglo X cuando comienza a conocerse en Europa gracias a los intercambios comerciales con Oriente.

Curiosamente, la numeración indoarábiga penetró en la península por dos canales: el norte de África y los Pirineos. Es importante saber que en Europa el primer manuscrito que adoptó esta numeración se llevó a cabo en el convento riojano de San Martín de Albelda, hoy en ruinas, a finales del siglo X, aunque todavía no incluía el cero. Fue la red de monasterios europeos la que extendió el conocimiento de la numeración indoarábiga, aunque su uso no se generalizó hasta entrado el siglo XIII.

Las cifras que hoy conocemos son una evolución europea de este sistema de numeración. El uso del cero llegará mucho más tarde y no se implantará en España hasta el fin de la Reconquista.

Por tanto, no podemos decir que esta numeración sea un regalo andalusí, aunque debamos a los árabes su expansión.

Es muy triste que la historia no se trate con un mínimo de rigor. Las ridículas, minoritarias y, aun así, ruidosas corrientes historicistas proárabes y antiárabes lo enturbian todo sin sonrojo. No les tiembla el pulso a la hora de intoxicar a la sociedad con sus proclamas. Para unos, todo lo que nos relacione con lo árabe es sucio y tercermundista; para otros, deberíamos arrodillarnos ante una cultura superior y avergonzarnos de nuestro pasado. Estas son las conclusiones a las que me ha llevado el contacto con grupos muy activos en redes sociales, medios informativos y mensajes de individuos polarizados y fanatizados. Afortunadamente no son una mayoría, pero son numerosos. Se trata de gente que rehúye el análisis y maneja la historia llena de prejuicios. Tenemos que empujar todos juntos para incentivar la búsqueda de la verdad. Tarea difícil, pero a la que ni podemos ni debemos renunciar.

Cerramos el tema «árabe» con la consideración de que su influencia fue extraordinaria, aunque en el siguiente apartado, dedicado a la Reconquista, matizaremos varios conceptos. Sería absurdo ignorar lo que supusieron casi ocho siglos de influencia. En cualquier caso, es una herencia más que debemos conocer, reconocer, respetar y transmitir.

La Reconquista

Es muy probable que hayas oído decir o hayas leído que no existió una reconquista del territorio invadido por los árabes. También, que los reinos cristianos invadieron unas tierras que les eran ajenas porque, al cabo de ocho siglos, ya pertenecían a su último dueño; que la «rancia» sociedad cristiana medieval cercenó lo que pudo haber sido una cultura moderna, avanzada, tolerante y multicultural, y que el término *reconquista* es producto de las delirantes ideas del Romanticismo y del nacionalcatolicismo franquista. ¿Son reales estos argumentos o una interpretación interesada?

Mis primeros años de formación escolar se desarrollaron al final de la dictadura franquista. Recuerdo que se ensalzaba la figura de Viriato, el pastor luso, como símbolo de resistencia ante la invasión romana. Curiosamente, se utilizaba a un «portugués» para reivindicar las raíces nacionales de España. De esta forma, se convertía al Imperio romano en el invasor de un territorio al que ya se asignaban características nacionales protoespañolas. Todo este proceso, salpicado con potentes personajes como el Cid Campeador, culminaría en 1492, cuando los Reyes Católicos concluyeron la Reconquista a la par que establecían una supuesta unidad nacional. Obviamente, son simplificaciones que requieren muchos matices.

Retorcer la historia para adaptarla a los deseos personales es un delito intelectual que nos persigue. Que esto sucediera en una dictadura nacionalista se puede entender, pero que siga ocurriendo hoy en día me parece inaceptable. Y lo peor es que esta argumentación negacionista de la Reconquista procede de profesionales de la historia que vuelcan sus desajustes personales en libros y artículos o, lo que es más grave, en un aula. Como comentaba en el apartado anterior, se busca más contradecir al de enfrente que indagar en la realidad objetiva, normalmente por motivos ideológicos.

Voy a intentar explicar cuál es mi visión de lo que se conoce como Reconquista, el período que se desarrolló entre el 722 y 1492. Partimos de la base de que los visigodos pueden considerarse un embrión nacional de lo que en el futuro sería España. Habían consolidado una unidad política, religiosa, jurídica y territorial cuando su reino sufrió la invasión de árabes del otro lado del Estrecho. Era una invasión porque se utilizaron armas para subyugar unos territorios que intentaron defenderse del ataque desde un principio.

Estos pueblos árabes que cruzaron el estrecho no tenían afinidades culturales ni religiosas con los hispanogodos. Esta circunstancia propició un rechazo natural ante la posibilidad de que el reino visigodo se convirtiera en una abominación a los ojos de sus legítimos dueños. A efectos jurídicos e históricos, los visigodos tenían lo que se conoce como «legitimidad de origen».

Hubo ciudades que pactaron con el invasor o se rindieron, probablemente en la creencia de que se trataba de un episodio más de la inestabilidad política que azotaba la península en aquellos tiempos. Pero una gran cantidad de población hispanogoda, al comprobar que los musulmanes venían para quedarse, buscó refugio y se reorganizó en las montañas del norte. Un dato vital.

La respuesta ante la invasión fue fulgurante si atendemos a los hechos que siguen. El ejército visigodo es derrotado por los árabes en el 711, en la batalla de Guadalete. Tan solo siete años después, en el 718 (o en el 722, según ciertas investigaciones), se libra la batalla de Covadonga, y los reductos del norte frustran el avance musulmán. En tan solo siete años, el caudillo don Pelayo, líder en Covadonga, logra aglutinar un contingente homogéneo que se opone a la expansión de los invasores hacia el norte. Es más, a raíz de estos acontecimientos, don Pelayo es proclamado rey de los astures y comienza a recuperar territorio de la Spania visigoda. No se sabe a ciencia cierta si los orígenes de Pelayo eran astures o hispanogodos.

Resumiendo, a los siete años comienza la primera contraofensiva. Así pues, en absoluto hubo un período de paz de varios siglos hasta que a los reinos cristianos se les ocurrió un buen día invadir la tranquila al-Ándalus. Más bien fue una reacción rápida y contundente para responder a una amenaza.

Una prueba más de que lo sucedido fue una invasión, y no una fusión amable entre culturas, lo demuestra el afán expansionista del islam es su intento de penetrar en Europa, frenado por los francos en el 732, en la batalla de Poitiers. Es decir, al-Ándalus ejerció de puente para una planificada invasión del continente. Su objetivo era llegar a Roma y terminar con la cristiandad.

En cuanto a si Covadonga fue una gran batalla o solo una escaramuza, la realidad incontestable es que los cristianos reaccionaron y se defendieron creando una nueva monarquía, germen de posteriores recuperaciones territoriales.

Primero los árabes y posteriormente los moros se establecieron en las fértiles tierras de los dos tercios meridionales de la península. Como hemos visto, instauraron su cultura y su religión sin preocuparse demasiado de aquellos pueblos al otro lado de las montañas. Pero en los reinos cristianos, que cada año intentaban arañar territorio hacia el sur, había arraigado un sentimiento de recuperación de algo que les había sido arrebatado. En los términos de este libro, aquellas gentes habían recibido una herencia, en gran parte de forma oral, que caló en su inconsciente colectivo.

La reconquista no solo concernía al territorio, sino también a una forma de vida, a la herencia recibida. Aparte de las diferencias culturales, el factor de la religión adquirió una importancia crucial. Con el paso de los años y de los siglos, el cristiano que formaba parte de una campaña contra el moro probablemente no era consciente ni del espacio en el que habitaba ni del tiempo que hacía del inicio de esa situación anómala. Pero tenía fe en su Dios y sabía muy bien que sus ancestros habían sido expulsados de aquellas tierras por los llamados «infieles». Reitero la importancia de la religión y la espiritualidad para aquellas personas.

No toca aquí narrar el hecho histórico al completo, pero debemos entender que fue un proceso muy largo. A esto contribuyó la ventaja que tenían los musulmanes de contar con territorios de gran riqueza, en comparación con los fríos y yermos parajes desde los que los primeros reinos cristianos avanzaban hacia el sur.

Primero traspasaron las montañas del norte y luego, sobre el año 1000, tras la muerte de Almanzor, alcanzaron la anhelada línea del Duero. Posteriormente progresaron hacia el Sistema Central para, en un siguiente embate, llegar hasta la frontera del Tajo y reconquistar Toledo, antigua capital visigoda. Más tarde, los avances se dirigieron a las montañas de Sierra Morena para liberar el paso por Despeñaperros, llave del al-Ándalus más profundo. Esto sucedió tras la batalla de Las Navas de Tolosa, en 1212.

Creo oportuno dedicar ahora unos párrafos tanto a los momentos decisivos de esta recuperación de territorio como a las enormes fuerzas que se opusieron a los cristianos.

Recientemente he organizado algunos viajes dedicados a la España medieval. Pisando el terreno, he fijado cinco años concretos que considero claves para entender la recuperación de territorio, en correspondencia con la superación por parte de los cristianos de las etapas más críticas durante los más de siete siglos de dominación musulmana.

En el 939, el rey Ramiro II de León vence en Simancas y frena la expansión de Abderramán III. Los cristianos logran de este modo afianzar el río Duero.

En el año 1000, marcado por la cristiandad como el del «fin del mundo», después de que Almanzor haya llegado hasta Santiago de Compostela y Barcelona, los reyes cristianos aguantan milagrosamente, en especial el conde de Castilla, Garci-Fernández. Es el momento más delicado a nivel militar y moral, pero la resistencia, unida a la muerte de Almanzor, solventa la situación.

En el 1085, Alfonso VI recupera Toledo, a pesar de la llegada desde África de los almorávides, que cruzan el estrecho bajo la consigna de una guerra santa. La noticia, que recorre toda Europa y todo Oriente, supone un golpe moral sin precedentes para el mundo musulmán.

En 1212, los cristianos se recuperan de la trágica derrota en la batalla de Alarcos y logran vencer a las tropas almohades en la batalla de Las Navas de Tolosa. Estas huestes, al igual que las almorávides, habían entrado en la península para hacer la guerra santa ante los avances de Alfonso VIII.

Por último, 1492 marca la recuperación íntegra del territorio peninsular, la unión dinástica de España y el comienzo de la aventura americana.

No podemos olvidar que las grandes campañas cristianas no iban contra los andalusíes, sino contra los moros llegados del norte de África para emprender la *yihad.* Primero hicieron frente a los almorávides y luego a los almohades. Estos acontecimientos constatan la lucha religiosa que se libraba por entonces. De hecho, los almohades fueron enviados para corregir la relajación moral y religiosa de los almorávides. El factor religioso se ponía otra vez sobre la mesa. Por tanto, deberíamos contemplar los progresos cristianos hacia el sur como un intento de restauración del cristianismo heredado de sus ancestros hispanogodos.

En cuanto a la célebre batalla de Las Navas de Tolosa, conviene señalar que fueron tres reyes cristianos los que, a la cabeza de sus contingentes, se lanzaron ladera abajo contra los almohades. Allí estaban el rey de Castilla, el de Navarra y el de Aragón. Superaron sus diferencias y consideraron que aquel podría ser el gran momento, como así sucedió, porque después de Las Navas todo cambió.

Estas campañas de norte a sur fueron secundadas simultáneamente por los reinos de Castilla, Aragón y Portugal, lo que dio consistencia a la frontera común con al-Ándalus, sobre todo desde la toma de Toledo en el 1085.

Los árabes y los moros se limitaban a emprender durísimas operaciones de castigo, conocidas como «razias», adentrándose en los territorios cristianos. Salvo en muy contadas ocasiones, no ganaron terreno ni se asentaron en las zonas atacadas. Su objetivo en las incursiones eran el saqueo, la quema de cosechas y la captura de esclavos, o, más bien, esclavas. En definitiva, sufrieron un sistemático desgaste año tras año.

Los reinos cristianos también llevaban a cabo incursiones, a las que llamaban «cabalgadas», pero no se conformaban con el saqueo, sino establecer nuevos asentamientos en aquellas zonas limítrofes que iban reconquistando. Para que la gente aceptara fijar su residencia en esos territorios fronterizos con al-Ándalus, se tuvo que recurrir al ofrecimiento de contraprestaciones, llamadas «fueros». Se trataba de leyes especiales que permitían asentamientos libres de impuestos en tierras que se otorgaban gratuitamente a quienes tuvieran el coraje de permanecer en ellas. Estas nuevas poblaciones, que se constituían como concejos abiertos cuyos ciudadanos tenían derecho a decidir, fueron muy numerosas y se tomaron como puntos seguros de referencia para posteriores avances.

En plena Edad Media, estos ciudadanos «libres» eran una excepción en Europa, donde el feudalismo, con sus relaciones de vasallaje, era preponderante. La Reconquista promovió unos métodos sin parangón.

¿Puedes imaginar lo que debía de suponer para una familia trasladarse a estos territorios fronterizos? Nuestra mentalidad nos impide hacernos una idea. Eran personas sin nada que perder, que arriesgaban su vida y la de sus hijos en busca de una salida a una existencia sin perspectivas de futuro. Estas nuevas poblaciones quedaban en zona de nadie, al albur de las incursiones del enemigo desde al-Ándalus. Si visitas alguna de estas ciudades, no será extraño que encuentres una austera iglesia, normalmente románica, con una estructura defensiva. No hay que derrochar mucha imaginación para intuir lo que debía de sufrir aquella gente cuando las cosas se ponían feas. Refugiadas en la iglesia, debían de rezar para que las hordas se limitaran a saquear las viviendas o quemar las plantaciones y pasaran rápido de largo.

Cuando visito estos lugares, siempre me detengo en su iglesia porticada, que servía de mercado, de lugar de reunión para tomar sus propias decisiones o de escuela. Imagino a los niños observando los ricos capiteles románicos y a un adulto contándoles quién sabe qué historias.

Si algún hecho me conmueve de este período tan duro es el esfuerzo repoblador. Existía la clara determinación de ocupar el terreno para afianzar el avance. No bastaba con conservar las fronteras.

Con el tiempo, una vez asegurada la zona, iban apareciendo monasterios como lugares de culto y enseñanza. Impresiona lo que tuvo que suponer aquella forma de vida. También dedico un audio a los monasterios, una de mis debilidades.

Otro punto interesante es el *Cantar de Mio Cid*. A este que escribe se lo hicieron leer en el colegio, lo que cambió radicalmente su percepción de la época. Te recomiendo que, si no lo has leído todavía, lo hagas en cuanto puedas. Es un viaje en el tiempo hasta aquellos sucesos que aclara una gran cantidad de conceptos. Ignoro si se sigue leyendo en la escuela, aunque casi prefiero no saberlo. En el *Cantar de Mio Cid* se respira constantemente la idea de recuperación del territorio y de vuelta a los orígenes. Es más, se habla de España con una normalidad pasmosa en una obra del siglo XIII. Esto tampoco lo tienen en cuenta los que intentan enterrar aquella herencia.

Por último, quiero hablar del sentimiento de cruzada del que estaban imbuidos los cristianos. Recordemos que las cruzadas fueron una sucesión de campañas militares lanzadas por los reinos cristianos de Occidente para intentar reconquistar Jerusalén y la Tierra Santa, por entonces en manos musulmanas. Entre el 1095 y 1270 se sucedieron ocho grandes cruzadas, a las que, sin embargo, apenas acudieron soldados de los reinos cristianos peninsulares.

Como puedes imaginar, esta ausencia se debía a que las campañas de nuestra Reconquista absorbían todos los medios humanos y materiales disponibles. Por eso los diferentes papas dispensaron siempre a nuestros reinos de apoyar a los movimientos militares con destino a Oriente. Las campañas de reconquista de al-Ándalus eran consideradas la cruzada de Occidente.

Citemos de nuevo la campaña de Las Navas de Tolosa para proseguir la argumentación sobre la idoneidad del término «Reconquista». En 1210, dos años antes de la batalla, Alfonso VIII de Castilla solicita al papa Inocencio III una bula para emprender una cruzada contra los almohades. El sumo pontífice se la concede sin dudar, así como indulgencias a todos los que se movilicen para recuperar los antiguos territorios cristianos. En la bula se califica la acción como «guerra santa». Tras este llamamiento, acuden a la cruzada numerosos caballeros «ultramontanos», llamados así por su procedencia del otro lado de los Pirineos, especialmente francesa.

Es decir, no solo en la península sino en toda la Europa cristiana hay una consciencia de la necesidad de recuperar el territorio de al-Ándalus, lo que convierte el asunto en un claro caso de reconquista.

Estamos hastiados de ver películas y novelas sobre Ricardo «Corazón de León» y sus intervenciones en las cruzadas, pero nunca encontraremos a Alfonso VIII, ni referencia alguna a la Reconquista en la península. La resistencia de nuestros reinos cristianos hizo de barrera ante cualquier nueva tentativa de los musulmanes de invadir Europa. Quizá su ausencia en los libros de historia, novelas y películas nos haya hecho olvidar aquella gesta de la que somos herederos. Es más, la distorsión histórica que supone convertir al musulmán en un elemento inocente y pasivo hace que este capítulo entre por la puerta grande de nuestra leyenda negra.

Si después de todo lo comentado no aceptamos el término «Reconquista», estamos desvirtuando la historia y dilapidando la herencia que nos han transmitido todas aquellas personas que, durante siglos, forjaron la nación a la que pertenecemos. Por supuesto que ellos no tenían consciencia de ser partícipes de un proceso llamado «Reconquista», como tampoco sabían que pertenecían al período de la Edad Media. Ambos, «Reconquista» y «Edad Media», son términos historiográficos modernos.

Podemos coincidir en que siete siglos son muchos como para atribuirles un título genérico. Pero, entonces, ¿cómo infiernos los denominamos? La Edad Media comprende mil años, y nadie se plantea su nombre. Por otro lado, es verdad que entre los reinos cristianos había crueles disputas, pero es lógico en un proceso tan extenso. Sin embargo, prosperó la idea de una causa común, como hemos visto en Las Navas de Tolosa, donde se unen los intereses de varios reinos.

Antes comentaba que estos hechos fueron utilizados por el nacionalismo del XIX y por la España franquista. Pero ¿hubo o no una reconquista? Creo que está claro que existió una recuperación territorial legítima y natural.

Los reinos cristianos volvieron a tomar el territorio usurpado a los hispanogodos de Spania. La religión no había cambiado; las motivaciones de los que rindieron Granada eran exactamente las mismas que las de quienes combatieron en Covadonga. La toma de Granada supone una vuelta al estado inicial de las cosas y la recuperación de la unidad peninsular visigoda, esta vez bajo el reinado de los Reyes Católicos.

Podemos utilizar el verbo que nos apetezca para llamar a esta acción histórica: *recuperar*, *rescatar*, *reponer*, *recobrar* o, lo más lógico, *reconquistar*. Si hubo una *conquista* árabe por las armas, el proceso inverso llevado a cabo por los vencidos se debe llamar *reconquista*.

Al-Ándalus no fue un jardín de rosas. Los cristianos fueron humillados, forzados y esclavizados, como después lo serían los musulmanes a manos cristianas. El musulmán despreciaba al cristiano, y viceversa. Suponer otra cosa es propio de las mentes frágiles y elementales que está produciendo nuestro sistema educativo. La vida medieval, para fortuna nuestra, no tenía nada que ver con los ridículos problemas que hoy nos quitan el sueño.

Hoy nos encontramos, incluso a nivel institucional, con un relato revisionista que nos habla de unos musulmanes cultos y tolerantes arrasados por unos cristianos fanatizados, arcaicos e incluso, como he llegado a leer, «genocidas». Este relato lo componen los mismos que, curiosamente, demonizan la conquista de América o cualquier otro proceso histórico en el que España haya sido la protagonista, siempre al servicio de una determinada ideología o en respuesta a un conflicto de la personalidad que conduce a una negación de la evidencia y a la autodestrucción. Algunos lo llaman «estar acomplejado».

Varios de estos personajes incluso publican artículos, escriben libros o imparten historia en institutos y universidades, pero son fácilmente detectables porque no han resuelto sus contradicciones, y, como decíamos en los primeros compases del libro, la inteligencia se mide por la capacidad de resolver problemas.

Los hechos hablan por sí solos, y tenemos la prueba irrefutable de que las gentes que habitaron España durante esos ocho siglos eligieron ser cristianas como el resto de los reinos europeos. Quizá la cultura musulmana no los cautivó, o su supuesta modernidad no era tal. Tal vez las sociedades cristianas no estuvieran tan atrasadas y tuvieran en mayor estima las libertades del individuo. Nunca estaremos del todo seguros, pero lo cierto es que España, ante la disyuntiva, eligió «Occidente». Eso sí, con el coste del largo proceso que llamamos «Reconquista».

Al-Ándalus intentó someter a todos los reinos cristianos bajo el islam, pero no lo consiguió. Lo más normal es que España se hubiera convertido en un país musulmán y hoy fuera un Estado islamista más. Aun reconociendo la influencia que hemos recibido de árabes y moros, el caso es que no somos un Estado islámico, y se lo debemos a la determinación de unas gentes cuya herencia debería permanecer viva.

Cuando hablo de historia en las tertulias con mis amigos, me gusta decir que la inercia de aquella carga de los tres reyes en Las Navas de Tolosa nos llevó, siglos después, a descubrir la costa del océano Pacífico. Hasta allí llegó su herencia.

El Camino de Santiago

La resistencia al avance musulmán se basó en un elemento que la historia, a mi modo de ver, no ha valorado en su justa medida: el Camino de Santiago.

Que los habitantes de la península eligieran Occidente y no Oriente se debe en gran parte a la ruta jacobea. Jacob (Santiago) era uno de los doce apóstoles de Jesucristo. El *Códice Calixtino* nos cuenta que Jacob predicó en el norte de la península y que en el 44, cuando regresó a Jerusalén, fue asesinado por el rey judío por temor a que acumulara prestigio y poder entre la población.

Según cuenta la tradición, sus discípulos trasladaron por mar sus restos de vuelta a España, concretamente a Galicia, donde fue enterrado en un bosque próximo al puerto de Iria Flavia. En el siglo IX, el obispo de esta localidad, Teodomiro, informado de la presencia de una estrella en el interior del bosque, se acercó allí y encontró la tumba del Apóstol. Enseguida puso el hecho en conocimiento del rey, Alfonso II de Asturias, quien se desplazó hasta el lugar. Este monarca es considerado el primer peregrino a la tumba de Santiago.

El rey encargó la construcción de un sepulcro para el Apóstol con la idea de que pudiera ser visitado por los fieles, lo que dio comienzo a las peregrinaciones. La noticia recorrió la Europa cristiana y los visitantes se multiplicaron, con el paréntesis de las incursiones de Almanzor, que cuando llegó a Santiago descolgó las campanas de la iglesia y las hizo llevar hasta Córdoba a hombros de esclavos cristianos. Afortunadamente, respetó el sepulcro.

Durante los siglos XI y XII, la afluencia de personas alcanzó su apogeo, y se creó la Orden Militar de Santiago para proteger a los caminantes. Los diferentes reyes fueron mejorando las infraestructuras del Camino: arreglaron las calzadas, construyeron nuevos puentes y fundaron hospitales a lo largo del recorrido. Santiago, junto con Jerusalén y Roma, se convierte en el gran centro de peregrinación europeo.

Vamos a analizar la importancia tanto del Camino como del propio apóstol Santiago. Lo primero que debemos hacer notar es que la tumba se encontró en un momento crítico del proceso de asentamiento de los reinos cristianos del norte, cuando su supervivencia pendía de un hilo. Casualmente, el astur Alfonso II era un rey con una gran determinación a la hora de combatir al invasor musulmán. También destacó, entre otros monarcas, por su faceta artística. Durante su reinado se produjo una expansión hacia el sur y el Duero se empezó a ver más cerca.

Cabe también señalar el interés que tuvo siempre Alfonso II en recuperar la esencia visigótica. Elaboró una lista de los reyes visigodos que le habían precedido y la utilizó como testimonio de su origen. Asimismo, trasladó la capital astur a Oviedo, a imitación de lo que los visigodos habían hecho con Toledo.

Esto evidencia un afán de recuperación de los modelos visigóticos perdidos, algo que se parece mucho a una intención de reconquista. Debemos advertir, además, que la visita del Apóstol a tierras gallegas era un hecho histórico asumido con naturalidad por los visigodos. Esto podría explicar la «casualidad» del descubrimiento de su tumba.

La aparición de la supuesta tumba del Apóstol lo cambió todo. Alfonso II de Asturias trazó inmediatamente una ruta de peregrinación y la dotó de una primera infraestructura de albergues para comodidad de los peregrinos. Al mismo tiempo, en lo que me parece una jugada maestra, nombró a Santiago patrón de España aprovechando la enorme expectación que había despertado la presencia de sus restos.

No solo tuvo un efecto extraordinario en los territorios cristianos peninsulares, sino también al otro lado de los Pirineos. En Francia, la noticia llegó a cada rincón de las aldeas, hasta el punto de que se atribuyó a Carlomagno el hallazgo de la tumba. Inmediatamente comenzaron las peregrinaciones desde el territorio vecino y, poco a poco, desde toda la cristiandad europea.

El Apóstol se convirtió en un referente espiritual en las primeras fases de los reinos cristianos, muy débiles ante un al-Ándalus fuerte y amenazador. Poco más les quedaba a aquellas gentes que rezar. No puedo imaginar lo que tuvo que suponer para los cristianos el avance de Almanzor hasta las mismísimas puertas del sepulcro, en el 977. Por si fuera poco, este mazazo se produjo apenas veinte años antes de la profetizada llegada del fin del mundo, en el año 1000.

Nos encontramos en un período de gran interés porque todo estuvo a punto de derrumbarse. Dediqué un audio a este tema, «La frontera del Duero», queriendo transmitir que aquellos momentos fueron los más duros de la Reconquista. Esta bien pudo truncarse si Almanzor hubiera vivido más años o hubiera tenido un sucesor a su altura. Como hemos dicho, a su muerte llegaron los reinos de taifas y, con ellos, un respiro vital para aquellas sociedades al borde del colapso. Por eso estoy convencido de que la figura del Apóstol les insufló las fuerzas suficientes para resistir.

Pongámonos en la piel de aquellas familias, que, en el mejor de los casos, encontraban arrasados sus pueblos y sus cosechas cada verano; que veían a sus hijas ser tomadas como esclavas, o que sabían que su descendencia, por enfermedad o por la falta de alimentos, tenía escasas posibilidades de sobrevivir. ¿A qué se podían aferrar si, además, la media de vida se situaba en los treinta años? Como podemos imaginar, la salida espiritual era la más viable, cuando no la única. Y ahí estaba la figura de Santiago arropando mentes y almas, ayudando a vivir un día más.

Por supuesto que no eran conscientes de que se encontraban embarcados en una Reconquista, ni tampoco de que nos estaban regalando una herencia a los que, siglos más tarde, nos íbamos a identificar con su sufrimiento. Pero que no fueran conscientes de todo ello no quiere decir que no estuvieran escribiendo una de las páginas más memorables de nuestra historia.

No eran ni mejores ni peores seres humanos que los musulmanes del otro lado de la frontera, que posteriormente padecerían un sufrimiento de parecidas características. Pero ellos eran nuestros antepasados y nos legaron una forma de vida y unas creencias, seamos creyentes o no, con las que hemos construido todo lo que hoy somos y tenemos.

Me parece absolutamente intrascendente conocer mi herencia genética, saber si desciendo de árabes, moros, judíos, celtas o… samuráis japoneses. Lo que me afecta es la herencia de sus acciones o de sus inacciones, que de forma clara han repercutido en mi persona. Por eso estamos enfrascados, tú y yo, en este libro. No para aprender historia, sino para intentar asimilar todo lo que estos personajes anónimos nos susurran al oído cada vez que miramos una imagen de Santiago apóstol.

No importa si está enterrado en la cripta de la catedral o si su viaje a Galicia es un mito elaborado por la hábil mente de Alfonso II. Lo que importa es que aquella gente se encomendaba al Santo cuando sentía el retumbar de los caballos de Almanzor o antes de librar una batalla y jugarse la vida por su gente y, no lo olvidemos, por nosotros. No hay que ser creyente para agradecer a Santiago esa labor de intermediario intangible que nos une a esas personas con lazos indestructibles.

Y si hemos hablado del Apóstol como soporte espiritual de la Reconquista, ahora tenemos que analizar el Camino como su sustento material.

El Camino de Santiago, por el determinante papel que desempeñó, tanto en lo económico como en lo cultural, se convirtió en la arteria que llevaba la sangre hasta el último rincón de los reinos cristianos. Fue la columna vertebral, transversal, que sustentó aquel esfuerzo. En sus márgenes se desarrolló el comercio, se hablaron infinidad de idiomas, se construyeron ciudades y se introdujeron corrientes artísticas y arquitectónicas que nos catapultaron hacia Europa. Ojalá hubiéramos tenido durante el siglo XIX un Camino abierto al continente; seguramente nos habríamos ahorrado unas cuantas guerras civiles.

Los peregrinos acudían con la fe de que un milagro los librara de una enfermedad o en cumplimiento de una promesa por un bien recibido. Está claro que la cantidad de caminantes fue en aumento conforme la frontera de guerra se iba alejando hacia el sur. El flujo humano llegó a alcanzar cotas extraordinarias y convirtió la ruta en un mundo de posibilidades para hispanos y foráneos.

Las órdenes monásticas francesas comenzaron a introducirse, a través del Camino, en las entrañas religiosas peninsulares. La abadía francesa de Cluny trajo una arquitectura románica más perfeccionada, primero a lo largo del Camino y posteriormente en una buena cantidad de monasterios. El rito hispano fue sustituido por el romano y la escritura visigótica por la francesa, lo que nos acercó a las corrientes culturales europeas.

La influyente cúpula eclesiástica pasó a ser ocupada por monjes en su mayoría franceses. Además, se estableció una conexión directa con el pontífice de Roma.

Hay que destacar la importancia de los caminos terrestres para las comunicaciones por el continente. Los movimientos marítimos estaban muy restringidos porque durante la mayor parte de la Alta Edad Media los musulmanes tuvieron el control del Mediterráneo. Los intercambios culturales con Italia fueron posibles gracias a los caminos y al Camino. Un ejemplo fue la llegada desde la sede papal del canto gregoriano, que gozó de enorme aceptación y sustituyó al canto hispánico en las ceremonias litúrgicas.

Años después de la muerte de Almanzor, hacia el 1075, comienzan bajo el reinado de Alfonso VI las obras de la actual iglesia románica, que terminan en el 1122. La construcción de este templo contribuyó a recuperar las peregrinaciones masivas. El aspecto actual de la catedral, con reformas barrocas, data del siglo XVII.

Durante el siglo XI, la cascada de peregrinos que afluía desde los Pirineos fue inundando España y empezaron a formarse barrios en las poblaciones más importantes de la ruta. No por casualidad, el florecimiento del Camino coincide con el declive del califato cordobés tras la desaparición de Almanzor. A su vez, los reinos cristianos comienzan a expandirse y a crecer demográficamente, lo que ayudará a repoblar sistemáticamente los territorios recuperados.

La ruta de peregrinación empieza a llenarse de manufacturas procedentes de toda Europa. Ciudades como Pamplona, Jaca, Sahagún, León o Burgos experimentan un notable crecimiento urbano y comercial, y se convierten durante el siglo XII en centros no solo religiosos sino también económicos.

El Camino de Santiago es el cordón umbilical que nos une a Europa en un momento clave. En nuestras tierras se asientan franceses, flamencos, holandeses, alemanes, irlandeses e italianos, todos identificados por nuestros antepasados como «francos» o «ultramontanos». Una definición que siempre me ha fascinado. Puedo imaginar a aquellas generaciones de españoles en el brete de tener que identificar, a su manera, a las personas llegadas de fuera. Este aspecto no deja de ser una herencia más de las muchas que nos ha legado el período medieval, tan crucial para nuestra historia.

Los viajeros que regresaban a sus lugares de origen contaban lo vivido en las lejanas tierras de España y contribuían a dar a conocer reinos, costumbres y paisajes que de otra manera hubieran permanecido invisibles. El Camino crea una potente mística que, en tiempos de una intensa religiosidad, atraerá a europeos a la lucha contra las invasiones almorávides y almohades. Este proceso culminará, como ya he comentado, con la bula papal para los cruzados durante la campaña de Las Navas de Tolosa, en el siglo XIII.

Estos «ultramontanos» se sumarán a los cristianos en su afán repoblador, según se vayan recuperando territorios. Tenemos multitud de ejemplos del masivo acceso de «francos» para ocupar el valle del Ebro o la meseta castellana. Se promulgaron fueros especiales para acoger a los recién llegados, la inmensa mayoría de ellos atraídos por la tumba del Apóstol. Es muy común encontrar en las ciudades atravesadas por el Camino un «barrio», una «rúa» o un «camino» «de los francos». Lógicamente, su número va decreciendo según nos alejamos de los Pirineos.

Lo pude comprobar cuando, hace unos años, hice la ruta a Santiago desde Madrid. A menudo encontraba alusiones a los «ultramontanos» en las iglesias, en las calles y en la toponimia en general. Haciendo memoria, llegué a detectar su huella hasta en la leonesa Villafranca del Bierzo, muy cerca de Galicia. Son fascinantes las pequeñas cosas que nos brinda el conocimiento. Como antes comentaba: «El que no sabe es como el que no ve». Y nunca sabremos lo suficiente, porque cuanto más aprendes, menos sabes.

Nuestros cantares de gesta también recibieron la influencia de los cantares épicos franceses inspirados en Carlomagno. Por eso son tan frecuentes los galicismos en los textos de la época.

No todo fueron tiempos de guerra y reconquista. También existieron largos períodos de paz y de alianzas con las diferentes taifas. De este modo se establecieron vínculos de un valor inapreciable y se propició el conocimiento de lo oriental. En el transcurso de los siglos, la influencia arábiga llegó a manifestarse en toda la Europa continental. No podemos olvidar lo que supuso para la cultura europea la Escuela de Traductores de Toledo y la transmisión de la cultura griega clásica a través de autores andalusíes. Toda esta ingente cantidad de conocimiento fue absorbida por la ruta jacobea, de obligado tránsito tanto para la ida como para la vuelta. Reitero mi sensación de que somos parte de Europa en buena medida gracias al Camino de Santiago.

Tras la orden de Cluny, la ruta jacobea acogió a la orden del Císter. Comenzó entonces, durante el siglo XII, un lento proceso de abandono de la arquitectura románica en beneficio de la cisterciense, que poco a poco se irá convirtiendo en gótica. En el transcurso del siglo XIII, el Camino se verá salpicado de monasterios, iglesias y catedrales con los típicos arcos apuntados del gótico. Todo el arte entraba a través de los Pirineos y se dirigía a Compostela antes de expandirse por la península.

Durante los siglos XI-XIII, hasta que se disputó el dominio de los mares a los musulmanes, el Camino de Santiago fue nuestra única puerta al mundo y se erigió en símbolo de España. Cuando tuve el privilegio de recorrer las ciudades y pueblos que jalonan la ruta, empapado antes de su historia, comprendí la grandeza de aquella obra sobre el terreno. En cualquiera de sus pequeñas iglesias, catedrales, antiguos albergues, hospitales o monasterios se respira herencia: la pura herencia invisible que nos transmitieron y nos transmiten todos aquellos peregrinos que se aventuraron y se aventuran a recorrerlo.

La búsqueda del Apóstol motivó a todas aquellas personas a recorrer cientos o incluso miles de kilómetros para dejarnos su experiencia y su enseñanza en forma de huellas en el Camino. Creo que fue durante el mes que me acompañaron cuando nació la verdadera inspiración para escribir este libro.

Americanos

He compartido mi sensación de que la inercia de aquella carga de los tres reyes cristianos en Las Navas nos llevó hasta las playas del Pacífico. Allí, Vasco Núñez de Balboa descubrió un inmenso océano creyendo que se encontraba ante un pequeño mar. Una carga de caballería que duró tres largos siglos, entre 1212 y 1513.

La inercia de la Reconquista se mantuvo durante cientos de años. Mientras tanto, la unión de los reinos de Castilla y Aragón aceleró el proceso que estaba por llegar. Tras la toma de Granada, la política exterior de los Reyes Católicos miró hacia África, bien por autodefensa o por un afán evangelizador. No podían permitirse una nueva incursión musulmana en la península, y la mejor manera de evitarlo era asentarse en posiciones adelantadas, en el propio norte de África. Ya se habían consolidado las islas Canarias cuando, tras 1492, se procedió a tomar plazas norteafricanas como Melilla, Mazalquivir u Orán. Además, se conquistaron posiciones en pequeñas islas rocosas, o peñones, cerca de las costas africanas, para emplearlas como puntos de abastecimiento en caso de tener que defender estas plazas.

Existen teorías contrapuestas acerca de la intención de estos asentamientos. Puede que se estuviera buscando un espacio de seguridad ante la posibilidad de una nueva invasión a través del estrecho de Gibraltar y, de paso, controlar la piratería berberisca. Hay historiadores que opinan que la monarquía española tenía el firme propósito de ganar territorios en el norte de África. Paralelamente a este proceso expansivo, se llevaría a cabo una labor evangelizadora cristiana.

Es probable que nunca lleguemos a conocer las verdaderas intenciones de Isabel, Fernando y el cardenal Cisneros. Creo que no sería de extrañar la opción de entrar en África, pues, al término del proceso reintegrador peninsular, flotaba en el ambiente un extraordinario ímpetu de ocupación territorial adquirido durante siglos. La máquina de la Reconquista estaba perfectamente engrasada y funcionaba a pleno rendimiento. Proseguir con los avances era natural para una sociedad que acababa de recibir una herencia de ocho siglos de lucha contra un enemigo religioso. Recalco la visión religiosa y espiritual de las gentes del momento, que sentían que la apropiación de espacios controlados por los «herejes» tenía una justificación divina.

Este afán por el progreso territorial quizá tenía que ver con la situación del reino de Portugal. No olvidemos que este había dado por finalizada su propia reconquista en 1249, una fecha cuyas cifras, curiosamente, coinciden en otro orden con las de 1492. Esto quiere decir que nuestros vecinos y hermanos de herencia dispusieron de casi dos siglos y medio más que nosotros para materializar esa inercia reconquistadora.

Al igual que España lo intentaría siglos después, Portugal se lanzó a la conquista del norte de África, pero con resultados desastrosos. Esto empujó a los lusos a variar su política de expansión territorial y bordear el continente africano para después doblar el cabo de Buena Esperanza. Descubrieron así que los océanos Atlántico e Índico estaban comunicados. Este hallazgo los condujo hasta las islas más orientales del Índico, desde donde emprendieron un enriquecedor comercio.

Así pues, nos encontramos con que Portugal había llegado primero a Oriente por la nueva ruta descubierta. A España solo le quedaba África para proseguir su avance territorial, o tendría que mirar hacia el Mediterráneo.

Es entonces cuando se produce un suceso que lo cambiará todo. Cristóbal Colón llega a lo que él pensaba que era la costa de Asia y abre uno de los capítulos más impresionantes de la historia de España: el descubrimiento de América. Este suceso se produce en paralelo al fin de la Reconquista y a las primeras incursiones en África. Se tardaron algunos años en comprender que aquel hallazgo superaba cualquier expectativa en relación con el territorio del otro lado del Estrecho. Por fin, la monarquía Trastámara de los Reyes Católicos encontró un objetivo digno del más extraordinario de los esfuerzos.

Vamos a hacer otro paréntesis para recordar algunos aspectos. A estas alturas habrás podido comprobar que el relato histórico se basa en conceptos y sucesos analizados de forma general. El objetivo es ahondar en una visión puramente humana de los acontecimientos e intentar comparar nuestras vivencias del siglo XXI con las que pudieron experimentar los españoles de tiempos lejanos. Por eso te invito a profundizar en el tema complementando con mapas y con otros libros las sensaciones que estés experimentando. Además, he procurado minimizar los nombres propios y la fechas, para no distraerte de la inmersión en los procesos históricos que estoy tratando. Estos momentos de nuestra historia los he seleccionado tras un largo debate interno sobre cuáles podrían plasmar mejor la idea de la herencia.

Al inicio de las exploraciones del Nuevo Mundo, se planteó en qué situación deberían quedar los nativos. Desde muy pronto, una vez valorado el inmenso espacio habitado que se había descubierto, los indígenas fueron declarados súbditos con iguales derechos y obligaciones que un español. Nada se hizo sin analizar los derechos de aquellos seres como criaturas de Dios.

Es entonces cuando se decide convertir a toda aquella población a la fe cristiana. En consecuencia, centenares de frailes, en su mayoría dominicos y franciscanos, se trasladan a América. Esta cuestión puede provocar espanto a los ojos de hoy. Sin embargo, tenemos que hacer el esfuerzo intelectual de comprender el peso que tenía la religión en aquella sociedad.

No hay duda de que lo que pretendían aquellos que se embarcaban rumbo a las tierras recién descubiertas era mejorar su nivel de vida. Pero habría que estar muy alejado de la realidad para no percibir que la mayoría de los exploradores y frailes que cruzaron el Atlántico creían profundamente en su Dios y se veían en el deber y en la obligación de reconducir a los habitantes de aquellas nuevas tierras por la senda de la fe. La gran empresa que suponía hacerse cargo de aquel fantástico descubrimiento podía reportar enormes rentas, pero siempre atendiendo a un compromiso con el papa de Roma. Este era el propietario formal de los nuevos territorios, que en contrapartida exigía la cristianización de sus habitantes.

Fuera del plano religioso, Isabel y Fernando consideraban vasallos a los jefes tribales, que eran acreedores del máximo respeto. Se ideó un sistema de encomiendas, parecido al aplicado durante la Reconquista, en el que a un encomendero se le asignaba una cuota de tierras con sus indígenas incluidos, a los que debía convertir y cuidar a cambio de su trabajo en los cultivos.

Isabel dejó muy claro en su testamento el mandato de tratar a los nativos americanos igual que a los súbditos castellanos y no maltratarlos ni someterlos a la esclavitud. Pero, como se puede intuir, hubo encomenderos que quebrantaron muy pronto estas leyes y abusaron de la población autóctona. Para ellos, los habitantes de América tenían una condición infrahumana. En suma, se aprobaron leyes igualitarias y humanitarias con la intención de evitar atropellos, pero era difícil hacer cumplir la legislación en un territorio tan lejano.

Uno de los hechos reseñables de este período, al comienzo del asentamiento en América, fue el sermón que dio el dominico fray Antonio de Montesinos en la isla de Santo Domingo. El religioso puso en tela de juicio el trato que se les estaba dispensando a los indígenas desde un punto de vista humanitario y cristiano, y su denuncia llegó a oídos del rey Fernando, que convocó en Burgos a juristas y teólogos para abordar el asunto. Tras una veintena de reuniones, se acordaron las Leyes de Burgos, que de inmediato entraron en vigor en todos los dominios americanos. Eran treinta y cinco ordenanzas para proteger y garantizar la dignidad de los nativos. Sin embargo, estas normas no llegaron a respetarse en todos los lugares, pues implicaban ejercer un control inasumible sobre los encomenderos, que campaban a sus anchas.

Nos encontramos, una vez más, ante tonos grises. Por un lado, tenemos la naturaleza humana en su versión más decadente; por otro, la conciencia que lleva a hacer lo correcto. El caso es que estas leyes se aprobaron muy pronto, nada menos que en 1512. No soy muy partidario de comparar la expansión española con la de otros países, porque ponemos en el mismo saco formas muy diferentes de entender y tratar al ser humano. La realidad es que estas leyes, como otras anteriores y posteriores, no tienen parangón si estudiamos la pasividad de la que hicieron gala el resto de las potencias europeas. España tuvo sus deficiencias, como cualquier otro Imperio, pero cabría preguntarse si el descubrimiento de estas imperfecciones es producto de un análisis histórico profundo o de una visión del pasado con los parámetros actuales. La eterna cuestión.

Por supuesto que la legislación que España introdujo en el Nuevo Mundo era mejorable y no tendría cabida en el marco legal de hoy. Pero es una declaración de intenciones en la que se pone por delante la dignidad del nativo, creado a imagen de Dios, en un intento por protegerlo de los intereses materialistas. Actualmente encontramos decenas de panfletos que echan por tierra estas leyes y las evalúan como si fueran de aplicación en el presente. Volvemos a la guerra de los necios que se sirven de la historia como arma arrojadiza.

En el siglo XVI se reforzaron estas leyes y se aumentaron las garantías de los nativos. Así, se obligó al encomendero a alfabetizarlos y, poco después, se responsabilizó a los frailes de la concesión de encomiendas. A mitad de siglo se terminaría por eliminar estas últimas, al considerar a los nativos libres de toda servidumbre o esclavitud. Analizada y valorada esta intencionalidad, vemos que los monarcas españoles procuraron tratar con justicia a los nuevos súbditos, si bien las leyes dictadas se ejecutaron con graves deficiencias.

¿A qué se debían estas deficiencias? Tras mucho leer e interpretar toda la información que he acumulado para preparar los numerosos audios que hablan de América, he llegado a la conclusión de que el factor demográfico fue vital a la hora de trasladar al nuevo continente una sociedad similar o paralela a la peninsular. Tardaron mucho en aparecer nuevas generaciones de mayoría mestiza que imitaran, aunque fuera remotamente, los hábitos y costumbres peninsulares.

En los primeros años del descubrimiento, una vez que se avanzó desde las islas caribeñas hacia el continente, la llamada «Tierra Firme», el insuficiente número de hombres (la presencia femenina era insignificante) no permitió controlar lo que sucedía en aquellos vastos territorios. La falta de un cuerpo jurídico estable propició los excesos. Es más, para someter a los nativos hostiles, los españoles tuvieron que valerse de las alianzas con otros pueblos. Esto fue un denominador común hasta finales del siglo XVI.

El control de un territorio tan vasto y adverso con unos pocos miles de soldados, aventureros y frailes siempre lo he considerado un verdadero milagro. Un hecho todavía más grandioso si los imaginamos embarcando en cascarones de madera rumbo a ninguna parte. Viajaban con la ilusión de llevar una vida mejor o regresar con la riqueza suficiente para cambiar su futuro y el de los suyos, pero pocos sobrevivían. Los hombres y mujeres que atravesaron el Atlántico y más tarde el Pacífico no estaban subvencionados ni tenían asignada una «paguita». Portaban una puesta de ropa, un hatillo con algo de pan y tocino rancio, un pequeño crucifijo al cuello y un coraje que nosotros desconocemos, aunque si nos hubiera tocado aquella «fiesta» seguro que nos habríamos puesto a su misma altura.

Es inimaginable lo que debió de significar para España tener que administrar tantos territorios hasta principios del siglo XIX. Aquella extensión abarcaba el sur y el centro de América, más una enorme extensión de lo que hoy es Estados Unidos. Y faltaría por añadir Filipinas. A tenor de nuestro potencial industrial y demográfico, es absolutamente increíble que, además de mantener aquellas posesiones, España se permitiera entrar en guerra con el resto de las potencias europeas.

Junto con la falta de efectivos humanos para dominar aquellos territorios, no podemos pasar por alto la singularidad del mestizaje. Este hecho nos diferencia de las potencias colonizadoras del momento, que aprobaron leyes discriminatorias para evitar la mezcla de sangre entre sus ciudadanos y los nativos que encontraban a su paso.

Cometeríamos un grave error si denostáramos el trato que los ingleses, franceses u holandeses dispensaron a los seres humanos de las tierras que les correspondió administrar. Las leyes, costumbres y sensibilidades del momento hacían que la discriminación, el racismo y la esclavitud fueran aceptables. Lo que se sale de lo común es el proceder de los españoles, desde la legislación sobre los nativos que ejercieron las élites hasta la normalidad de las relaciones con los autóctonos, los estratos más bajos de aquella incipiente sociedad española en América.

No olvidemos tampoco que, desde un punto de vista administrativo, los territorios recién descubiertos fueron tratados como una parte más de la península. Así, América se dividió en virreinatos desde el primer momento. Los virreyes eran de la máxima confianza del rey, por lo que ejercían su labor de gobierno como una extensión del propio monarca. Esta peculiar disposición hace que los territorios españoles no se puedan considerar colonias, sino provincias. Una importante diferencia, sobre todo en cuanto al trato que recibirían sus pobladores, incluidos los nativos.

Podríamos hablar del tema americano durante cientos de páginas, pero he preferido centrarme en los conceptos de los que nos venimos ocupando en este libro. Me llaman la atención la inercia que se traslada de África a América, la pronta y cristiana legislación en favor de los nativos, el enorme problema demográfico que tuvo que solventar España y el rápido y masivo mestizaje.

La conquista trajo consigo la descomposición de las civilizaciones nativas de América y el enterramiento de sus tradiciones tanto religiosas como culturales. Podemos matizar la cuestión afirmando que estos pueblos pasaron de la Edad de Piedra al Renacimiento en una decena de años, un avance o un regalo que les hizo viajar en el tiempo a cambio de abandonar sus ancestrales costumbres y ritos. Pero el hecho incuestionable de su aniquilación, obra involuntaria y achacable a las enfermedades infecciosas traídas de Europa, debemos tenerlo siempre presente porque es una herencia que han recogido nuestros hermanos americanos.

Hablar de este acontecimiento como un acto calculado o una «guerra biológica», argumento esgrimido por articulistas y políticos de cerebro atormentado, es un insulto a la inteligencia. Cuando consideramos este hecho como negativo, lo hacemos desde un punto de vista objetivo. Los españoles emprendieron un enorme desplazamiento humano que chocó con una población biológicamente indefensa ante nuevas enfermedades. Esto fue lo que provocó el cataclismo.

Sin negar las acciones que atentaron contra los indígenas a lo largo de los siglos, las órdenes religiosas, con su afán de cristianizarlos tratándolos como «hijos de Dios», evitaron que el proceso de asentamiento en América se convirtiera en un atropello. ¿Cómo iban a consentir los frailes una matanza indiscriminada contra aquellas «criaturas divinas»? ¿Alguien en su sano juicio puede pensar que aquellos soldados barbudos y famélicos organizaron un exterminio biológico?

Le pese a quien le pese, el descubrimiento de América contó con un elemento fundamental que suavizó el impacto entre un Imperio en busca de riquezas y territorios y una población nativa que apenas comenzaba a dominar los metales. Este factor decisivo fue la Iglesia.

Si analizamos desde el punto de vista actual lo que los exploradores españoles percibieron al llegar al nuevo continente, estamos haciendo uso de la misma interpretación injusta que sufren España y su proceso de conquista. Las crónicas y los restos arqueológicos hablan de sacrificios humanos masivos que se ejecutaban en los altares de los pueblos precolombinos. Aunque estos actos eran salvajes e inhumanos, no los podemos condenar con nuestra visión de hoy. Cometeríamos el mismo error que estamos denunciando aquí contra el trato que recibe nuestra historia. No se debe evaluar el pasado con parámetros modernos. No olvidemos, por ejemplo, que los pueblos de la Edad de Piedra peninsular, en un grado evolutivo similar a los indígenas que encontró Colón, practicaban ritos semejantes. Todo hecho del pasado que se analice desde el presente nos conduce a un oscuro túnel.

Para terminar con el racimo de temas que me han marcado a lo largo de estos años, me quedo con lo positivo y con lo beneficioso. Los frutos a los que quiero hacer referencia son las costumbres que compartimos y, sobre todo, el idioma. Una lengua común que nos une y facilita nuestra relación. Conservemos estas joyas que hemos recibido los de ambos lados del océano. Esta herencia, a veces invisible por cotidiana, es producto del sacrificio de viajeros, soldados, frailes y nativos que probablemente no fueron perfectos, pero que con sus acciones nos han hecho a todos americanos o, mejor dicho, hispanoamericanos.

La llegada casual de los españoles a tierras americanas solo se puede analizar con distancia y en el contexto del desarrollo histórico de Europa. Si se estudia desde el punto de vista español, no podemos obviar que esta fase se remonta a la Reconquista y, se mire por donde se mire, termina con una guerra civil entre españoles, que es lo que sucedió durante los procesos de independencia de las naciones hispanoamericanas. Una contienda entre hermanos, probablemente inevitable, cuya culpable fue simplemente la historia.

Volviendo a 1492, tenemos mucho que aprender de aquel brutal choque que supuso el encuentro de dos civilizaciones separadas por miles de años de evolución. Y, sobre todo, felicitarnos por que siglos después podamos convivir sin problemas, seamos blancos, mestizos, negros o vivamos en México, Chile o España. Por todo lo anterior, al igual que los habitantes de Hispanoamérica tienen algo de españoles, nosotros también tenemos algo de americanos.

La leyenda negra

El descubrimiento y conquista de América es el acontecimiento histórico protagonizado por España cuyo desarrollo ha suscitado más controversia. Tanto es así que, muy pronto, voces desde la propia sociedad española comenzaron a poner en tela de juicio los métodos que se estaban empleando. Esta autocrítica, lejos de ser valorada, fue aprovechada por las potencias europeas que competían con España para debilitar el prestigio y poder de nuestro país.

El movimiento antiespañol no fue ocasional ni fortuito, sino fruto de una esmerada planificación. Artículos, libros, grabados y rumorología procedentes en especial de Inglaterra y Holanda sembraron Europa de historias denigrantes sobre España que obviaban cualquier aspecto positivo. No olvidemos que las guerras religiosas entre católicos y protestantes inflamaban el continente, de modo que estas descalificaciones contribuían a alimentar la inquina hacia lo hispano. La animadversión creció y se consolidó, sin que España pudiera hacer nada para apagar aquel volcán de fobia. Fuimos el enemigo a batir y, contra una campaña de semejante calibre, poco se podía hacer.

Si bien esta leyenda nació en Europa, con el paso de los siglos fue Estados Unidos el que la rescató y potenció para erigirse en su mayor valedor. Para justificar su canalla agresión contra nuestros territorios en Cuba, Puerto Rico y Filipinas, organizó una furibunda campaña en la prensa con el fin de indisponer al pueblo norteamericano con el español. La guinda del pastel fue el hundimiento, autoinfligido o accidental, del acorazado *Maine* en el puerto de La Habana, del que se responsabilizó a España pese a las pruebas que demostraban que no fue ningún ataque o sabotaje.

Llegó la inevitable guerra y España perdió sus últimas posesiones en ultramar. El desasosiego y la convulsión social resultantes desembocaron en la llamada crisis del 98, o Desastre del 98. Una corriente negativa impregnó a la sociedad española e hizo surgir dentro de nuestra comunidad una serie de movimientos regeneracionistas que buscaban dar salida a este cataclismo histórico. Es en ese contexto donde aparece el concepto de «leyenda negra», utilizado por Emilia Pardo Bazán y recuperado años más tarde por Julián Juderías.

Para cerrar la variante norteamericana, no hay duda de la influencia negativa que tuvieron aquellas invenciones en la visión de España, no solo en aquel momento prebélico de 1898 sino en buena parte del siglo XX. Por poner un ejemplo, muy popular y nostálgico, los que hemos crecido con las películas de aventuras de Hollywood estamos acostumbrados a contemplar esa imagen estereotipada del hombre español: baja estatura, tez morena, esperpéntico bigote, ultrarreligioso y malvado, que respondía a un modelo claramente negrolegendario.

Pienso que esta imagen de España se ha mitigado en las últimas décadas, tanto en Estados Unidos como en Europa, porque el mundo se ha globalizado, las personas viajan e internet es una ventana abierta, pero, sobre todo, porque España ha cambiado. ¿Cómo se entiende entonces que la leyenda negra se esté revitalizando en el ámbito hispano, incluida España?

La respuesta ya la esbozamos al principio del libro: populismo, nacionalismo, ignorancia... Conceptos que parecen inconexos, pero que por desgracia van de la mano.

También podemos observar la aparición de una leyenda «rosa» que, en su afán por reivindicar la huella española, resalta unos hechos y esconde o minimiza otros, poniendo una piedra más en el camino de la difusión de la historia como un valor inalterable.

Cambiando de tema, compararnos con otras potencias no suele conducir a conclusiones objetivas, aunque a veces es inevitable para poner en contexto las acciones y las inacciones. En el caso español, la huella o la herencia recibida puede contener elementos no tan positivos si hablamos de la esclavitud. Es cierto que, entre los siglos XVI y XIX, España no acumuló cifras tan espantosas como Portugal, Inglaterra, Francia u Holanda debido a la inmensa tarea de las distintas órdenes religiosas en la protección de los derechos del ser humano. Sin embargo, la persistencia de la esclavitud en territorios españoles, sobre todo en Cuba hasta finales del siglo XIX, es un hecho que debemos conocer y asumir. No es precisamente algo de lo que sentirnos orgullosos.

Si nos ceñimos al ascenso y arraigo de nuestra leyenda negra en toda Hispanoamérica, ya no queda nadie medianamente inteligente que no haya deducido que son muchos de sus Gobiernos los que la están promoviendo. Pretenden justificar sus desatinos y legitimar sus ancestrales y erráticas políticas esgrimiendo la conquista española. Siguen utilizando los mismos argumentos que en tiempos de su independencia, a principios del siglo XIX, mediante anticuadas, demagógicas y, además, radicalizadas arengas. Persiguen una venganza ridícula contra España, cuando estos gobernantes son descendientes de españoles y herederos de una independencia que no mejoró precisamente la situación de su territorio.

Algo que no deja de escandalizarme es que una parte de la población hispana permita que estos charlatanes se continúen escondiendo bajo la coartada infantil de una intervención española de hace doscientos años. Evidentemente, esto alimenta la leyenda, lo que nos aleja a todos de la realidad histórica y enturbia la relación entre naciones hermanas. Son lo que yo denomino «delincuentes intelectuales», que se siguen aprovechando de una población sumisa y aletargada pese a tener a mano toda la información.

Hoy oímos voces estridentes que claman por la condena de un «genocidio» y exigen a España que pida perdón. Yo me comprometo solemnemente a pedir perdón si restituyen sus territorios a los pueblos aztecas, mayas e incas y los reconocen como Estados independientes. Al fin y al cabo, es la misma idiotez.

En el supuesto y rocambolesco caso de que tuvieran fundamento los reproches de estos hispanófobos hacia aquellos conquistadores, les invitaría a que se surtieran de pancartas, cacerolas y cucharones. Seguidamente, podrían desplazarse hasta la tumba de alguno de estos personajes y, allí mismo, desplegar sus pancartas y aporrear sus cacerolas. Porque de otra cosa no, pero de la ciencia de invadir las calles y aporrear cacerolas, el populismo es sabio.

Tenemos la inmensa suerte de que estos líderes y creadores de opinión, construidos a sí mismos sobre la demagogia, tanto en Hispanoamérica como en España, no son precisamente los mejores. Tendrán poder e influencia, pero solo son listos. No son inteligentes. Si lo fueran, habrían buscado los puntos de encuentro y habrían gobernado con lucidez. Me viene a la mente el dicho: «Por mucho que corra un cerdo, llegará a ser un cerdo veloz pero nunca un caballo de carreras». Pues por muchas estatuas que derriben, no cambiarán la realidad de los hechos.

Hace unos días, caminando por Madrid, pasé al lado de un monumento a Fernando VII. Si hubiera que elegir un rey nefasto, este sería el mejor candidato. Sin embargo, ahí está como parte de lo que sucedió. Lo mismo ocurre con la estatua de Simón Bolívar. Un ejemplo de persona violenta, pendenciera y de bajos instintos, con raíces y formación en España, al que no le tembló el pulso para traicionar su pasado y, digámoslo claro, «llevárselo crudo». Un asesino de muchos y libertador de nadie, porque si a alguien utilizó para sus fines y luego condenó al olvido, fue a los indígenas. No obstante, ahí está su estatua como símbolo de una época.

Se trata de mantener un mínimo sentido común para que todo vaya rodado. Dicho esto, a ver lo que tarda alguna lumbrera intelectual en proponer el derribo de una de estas estatuas. Confiemos en que no suceda.

Hablábamos de Estados Unidos, país precursor de la expansión de la última ola negrolegendaria. Allí también se derriban estatuas de Colón, como si así ajustaran cuentas con alguien. Sin embargo, pocos de ellos saben que la intervención de España fue vital para que alcanzaran su independencia respecto de Inglaterra.

Bien mirado, la leyenda negra de nuestra historia puede ser una señal positiva, pues significa que hay quien quiere sabotearnos por haber hecho las cosas mejor que ellos. Es inevitable que los grandes imperios tengan un lastre, en forma de malas reseñas en este o aquel libro de historia, porque nunca llueve a gusto de todos y porque un Imperio siempre deja víctimas. Pero lo que me sigue produciendo vergüenza ajena es que esa leyenda negativa crezca al calor de los propios españoles o de una de sus minorías activistas.

De una vez por todas, asumamos que la historia pasada forma parte de una herencia casi siempre invisible. Aprovechemos su contenido, pero no nos centremos exclusivamente ni en lo grato ni en lo incómodo. No tiene sentido ignorar una de las dos caras.

Para cerrar el capítulo, te animo a neutralizar de forma madura, con argumentos, este espíritu negrolegendario con el que convivimos. Se trata de hacerlo sin grandes pretensiones, en nuestro entorno, con nuestros amigos, nuestra familia o nuestros compañeros de trabajo. Como decía al comienzo del libro, intentemos compartir nuestra afición por la historia para que todo el mundo disfrute de ella. Si nos ven deleitarnos con el pasado, seguro que se acercarán a mirar por su cerradura. Esta es mi experiencia y por eso la comparto. Cada vez que un oyente me dice que odiaba la historia, pero que desde que ha descubierto los audios se ha enganchado a ella, me invade una inmensa sensación de tranquilidad.

Solo amando la historia conseguiremos evitar su manipulación.

Austrias y Borbones

Una vez terminado el recorrido por las raíces, objetivo fundamental de este libro, si ascendemos por el tronco encontraremos multitud de ramas. De todas ellas, hay algunas que quisiera que tuviesen aquí su espacio, aunque solo sea porque abarcan gran parte de nuestra historia.

Los reinados de los Austrias y los Borbones cumplen con esta condición, aunque, honestamente, la fuerza de su herencia es bastante menor frente a la imparable inercia que los españoles habíamos adquirido largo tiempo atrás. No obstante, me ha parecido oportuno tratar los períodos que comprenden estos extensos reinados, por completar el mosaico y por si algún lector echa de menos algo de contenido histórico cronológico.

Antes de continuar, conviene recordar que en España han reinado cinco casas reales desde el siglo XV: Trastámara, Austria, Borbón, Bonaparte (José I) y Saboya (Amadeo I).

Con Juana I de Castilla, hija de los Reyes Católicos, concluye la dinastía de los Trastámara, primera que tuvo la corona española tras la unión de Castilla y Aragón. De su matrimonio con Felipe I de Borgoña nacerá Carlos I de España, que iniciará un largo período de la Casa de Austria, desde 1516 hasta 1700. A Carlos I le seguirán Felipe II, Felipe III, Felipe IV y Carlos II.

Es primordial comprender que hasta entrado el siglo XIX las sociedades no sentían vínculos con un país o con una nación, ni se identificaban con los conceptos de «patria» o «bandera». Solo eran súbditos de una monarquía a la que rendían su sentimiento de pertenencia a un ente común y superior. De ahí la importancia de los cambios de dinastía, los matrimonios reales o la ausencia de herederos al trono, que eran seguidos con desmesurada expectación por cada uno de los súbditos.

La gente de a pie estaba entregada a sus reyes. A ellos se debían y por ellos pagaban sus impuestos o se alistaban para librar batallas cuyas razones, en muchas ocasiones, no entendían. Por eso es tan frecuente encontrar en la historia de Europa personajes que sirven a la monarquía de otro territorio. En el caso español, son incontables los franceses, italianos, suizos o irlandeses que sirvieron a los reyes españoles.

La Casa de Austria, o Habsburgo, que fue una de las más poderosas de Europa, se identificaba con el Sacro Imperio Romano Germánico y tuvo dos líneas: la española y la austríaca. Carlos I y Felipe II fueron sus representantes más importantes. Durante sus respectivos reinados, España alcanzó su apogeo y fue por mucho tiempo la primera potencia mundial. Esta etapa se conoce como la de los Austrias Mayores.

La dinastía finaliza cuando Carlos II muere en 1700 sin dejar descendencia. El deterioro del otrora poderoso Imperio español era tal que las potencias europeas se repartieron sus restos, especialmente los codiciados territorios de América, mediante pactos secretos antes del fallecimiento del monarca.

Se habían postulado varios candidatos al trono de España. Carlos II, en un acto que ha despertado siempre un gran interés histórico, hace testamento y nombra como su sucesor a Felipe de Anjou, nieto del Borbón Luis XIV, el Rey Sol. Es decir, deja la monarquía hispana en manos de nuestro ancestral enemigo, Francia.

Felipe de Anjou reinará en España como Felipe V. Siempre me ha atraído el porqué de esta decisión. Bajo mi punto de vista, Carlos II y sus asesores decidieron poner a España en manos de la potencia que menos perjudicara nuestros intereses. Una elección siempre difícil, pero mejor que permitir que la siempre codiciosa Inglaterra manejara el porvenir de España o que un candidato de la Casa de Austria, en franca decadencia, agravara aún más la situación.

A mi modo de ver, la decisión fue más que acertada y alargó la vida del Imperio español durante un siglo más. Francia era una potencia católica emergente y había ciertas garantías de que Felipe de Anjou sería un rey independiente de su abuelo, Luis XIV.

Y así fue. Felipe V demostró desde el principio una enorme personalidad como rey de España e incluso llegó a enfrentarse a su propio abuelo para defender los intereses de la Corona española. Bajo la nueva política, al estilo francés, se modernizó el anticuado e ineficaz sistema de los Austrias y se impulsó la recuperación económica. El resultado fue que España restableció su influencia como potencia de primer orden.

A modo de confidencia, te diré que la página web y las redes sociales de *Memorias de un tambor* están encabezadas por la imagen del cuadro *La familia de Felipe V*, del pintor francés Louis-Michel van Loo. En esta pintura aparecen, además de Felipe V, otros tres reyes de España: Luis I, Fernando VI y Carlos III. Se podrá achacar a los Borbones, por supuesto, algún bagaje negativo; incluso, que el propio Felipe V padecía desajustes mentales. Pero el hecho irrefutable es que en el transcurso de un siglo reflotaron el Imperio cuando todo estaba a punto de desbaratarse e Inglaterra ya se frotaba las manos. Por eso merecen mi aprecio y presiden las cabeceras de las páginas del pódcast.

El acceso al trono de Felipe V hizo temblar al resto de los países europeos, que temían que de la unión de Francia y España naciera una superpotencia capaz de romper el equilibrio europeo. Estos países presentaron un pretendiente al reino de España que compitiera con Felipe, y entonces se declaró la guerra de Sucesión española, que no afectaría a la entrada de la Casa de Borbón en España.

La lista de la nueva dinastía borbónica es larga: Felipe V, Luis I, Fernando VI, Carlos III, Carlos IV, Fernando VII, Isabel II, Alfonso XII, Alfonso XIII, Juan Carlos I y Felipe VI.

El Imperio español puso rumbo a su desmoronamiento a raíz de la Revolución francesa, más concretamente a partir de la derrota en la batalla de Trafalgar, que dejó vía libre para que Inglaterra se hiciera con el dominio de los mares. Posteriormente sufrimos la entrada de los ejércitos de Napoleón Bonaparte. La debilidad de España ante aquella crítica situación de desgobierno y de caos derivó en la independencia de las provincias de Hispanoamérica.

España quedó definitivamente aislada de cualquier corriente europea. Si bien esa circunstancia libró al país de dos guerras mundiales, tengo una teoría personal acerca de la influencia que ha tenido nuestra peninsularidad. Es decir, el aislamiento geográfico de España, casi por entero rodeada de mar, ubicada en un extremo del continente y con los Pirineos haciendo de barrera natural, es lo que nos ha condenado. Aunque a veces creo que más bien ha sido Francia como país la que ha ejercido de auténtico muro. Esta incomunicación con nuestros vecinos europeos, que padecemos desde la decadencia del Camino de Santiago, nos ha penalizado severamente, sobre todo durante el siglo XIX.

A partir de entonces, una interminable sucesión de luchas políticas internas nos arrastró a una cadena de conflictos civiles entre absolutistas y liberales que salpicaron el nefasto siglo XIX. España quedó desconectada de Europa, se perdieron todas las posesiones de ultramar en el Desastre del 98 y fracasó la expansión en el norte de África. La situación política se enquistó y en 1936 estalló la Guerra Civil, que nos condujo a la dictadura.

El resto ya lo conoces.

La Transición

Tras este breve resumen de los desarrollos de las dinastías más importantes, nos disponemos a cerrar nuestro repaso de la herencia recibida. Hasta ahora, hemos ofrecido una visión de conjunto de aquellas etapas de nuestra historia que, a mi parecer, más nos han transmitido. Si hablamos de civilizaciones, se ha repasado en anteriores capítulos la influencia de tartesios, íberos, celtas, fenicios, griegos, cartagineses, romanos, judíos, visigodos, bizantinos, árabes, ultramontanos... Pocas naciones pueden presumir de un bagaje cultural tan rico, con su correspondiente herencia.

Las influencias que nos fundamentan y construyen como el país que hoy somos ya han quedado expuestas. También las que nos hacen humanos. Recordemos que el propósito del libro es marcar un camino que muestre nuestra evolución, primero como humanos y luego como españoles. Me ha sido muy difícil elegir los temas idóneos para plasmar la esencia de nuestra herencia sin perderme por el camino. A pesar de los muchos momentos históricos importantes que se han quedado en el tintero, confío en estar cerrando el círculo.

Y ahora quizá te preguntes cómo podemos saltar de golpe hasta la Transición. ¿Qué tiene este asunto de especial? Tres son los principales motivos para su elección.

El primero, mi percepción sobre el asunto: opino que es un tema trascendente e intento compartir la importancia que le otorgo.

El segundo concierne a la cercanía temporal, suficiente para que, en mayor o menor medida, a todos nos suenen los hechos abordados. Experimentaremos así la relevancia de una herencia recibida de nuestros propios padres, abuelos o bisabuelos.

Y el tercer motivo obedece a que es un bien recibido como protagonistas, testigos o beneficiarios más o menos directos. Podemos poner todo nuestro empeño en contar a nuestros hijos lo que supuso el Camino de Santiago, pero no lo hemos vivido. Al ser testigos de la Transición, o haber respirado sus efluvios, tenemos la información de primera mano. Ahora, recae en nosotros la responsabilidad de transmitir, en toda su extensión, los aspectos positivos y, si los tuviere, negativos de la Transición. ¿Cómo? La respuesta es fácil: siendo coherentes, utilizando nuestra formación y aplicando el cariño que profesamos a la historia.

Decía que el horrible siglo XIX nos condujo de cabeza a un conflicto civil. Nuestros antepasados no pudieron, o no supieron, administrar las circunstancias que les deparó su tiempo y terminaron por tirarlo todo por la borda.

En 1936 se consumó el mayor desastre que recuerda nuestra historia: una guerra civil. Reprocho a aquella generación que no supiera evitar tal calamidad. Quizá por eso me he embarcado en la divulgación de la historia, no para ofrecer un recital de datos y fechas, sino para compartir un contenido mucho más íntimo y profundo. Creo que esto ya ha quedado más que patente.

Cuando una sociedad llega a un enfrentamiento de estas características, lo primero que me viene a la cabeza es pensar de qué ha servido todo lo anterior y cómo es posible que no hayamos aprendido de la herencia recibida.

Aunque no tengamos responsabilidad sobre la Guerra Civil, aquella tragedia, que marcaría a varias generaciones, fue una de las mayores vergüenzas colectivas en la historia reciente de Occidente. Mientras que en Europa se libraron dos espantosas guerras mundiales y todos los países se unían contra un enemigo común, aquí nos dedicamos a eliminar al vecino de enfrente o incluso a un hermano. El único argumento de aquella barbaridad fueron unas siglas políticas o una cruz colgada del cuello.

Una España de pobres contra ricos o de buenos contra malos es la explicación más ocurrente que quieren contarnos ahora. Se ha pretendido reducir el origen de la Guerra Civil a unos militares fascistas que se sublevaron contra el Gobierno de una idílica república democrática. Este es un claro ejemplo de cómo la simplificación puede llevar directamente al ridículo. La realidad palmaria es que España se había quedado atrás en los procesos de desarrollo que se dieron en gran parte de Europa. Las clases medias, con una formación mínima, apenas existían. Estábamos perdidos en los oscuros rincones de la ignorancia. Como ves, hablo en primera persona, no por haber participado en los sucesos, sino más bien porque me siento parte de aquel desastre.

Lo cierto es que media España se enfrentó a la otra mitad, en un ambiente insostenible y caótico. Por cierto, había militares en los dos bandos. Militares cuya intervención en la vida política por medio de las armas era un hecho rutinario desde 1808. Los llamados «espadones» estaban a la orden del día. Pero no nos engañemos, siempre en connivencia con la clase política.

Lo que sucedió en 1936, expresado de forma gráfica, es que se sustituyeron los votos por las armas. No hubo ni buenos ni malos, porque todos fueron víctimas de más de un siglo entre tinieblas. El resultado fue una España dividida, cuarenta años de ausencia de libertades, represalias, refugiados, aislamiento de Europa y un sinfín de dramas. Seguro que tienes conocimiento cercano de alguno de ellos.

Dediqué un largo audio a este triste proceso. Afortunadamente, es uno de los más descargados y no ha suscitado polémica, presumo que por la madurez de los oyentes del pódcast.

Recapitulando, entre 1815 y 1936 España sufrió diecisiete golpes de Estado, cuatro guerras civiles y nueve constituciones, de las cuales dos no se consumaron. Estos datos ya son para echarse a llorar.

Tras la Guerra Civil vinieron cuarenta años de ausencia de libertades políticas. Lo recuerdo muy bien porque cuando faltaba poco para que tocara a su fin yo estaba entrando en la adolescencia. Me sentía como una auténtica esponja, asimilando cada suceso o acontecimiento que ocurría cada día. Mi formación política era absolutamente nula, pero a partir de la muerte de Franco todo cambió de forma espectacular. Aparecieron decenas de partidos y siglas que llenaban las paredes de los edificios y tapias con carteles o alfombraban las calles con octavillas multicolores. Recuerdo muy especialmente el día que se legalizó el Partido Comunista de España, en 1977, y la tensión que se respiraba. Todo pendía de un hilo, porque las fuerzas del régimen franquista y el Ejército podían dar al traste con el avance hacia la democracia.

El primer paso fue el referéndum de ratificación de la Constitución española de 1978. La participación fue muy alta, de un 67 %, teniendo en cuenta que la mayoría de la población no tenía ninguna familiaridad con las urnas. El resultado fue una aceptación aplastante del 92 %. La lectura más rápida es que había mucha inquietud y el firme deseo de que, por fin, el país comenzara a andar en libertad y en paz.

En 1979 llegaron las primeras elecciones constitucionales, que transcurrieron con total normalidad. Los españoles votaron mayoritariamente al centroderecha; a no mucha distancia quedó el centroizquierda. Parecía que llevábamos muchos años en democracia. El primer paso se había conseguido.

Recuerdo que la palabra *transición* no era muy utilizada en aquellos tiempos. La más frecuente en tertulias y publicaciones era *cambio*.

El proceso tuvo muchos protagonistas. El primero, el rey Juan Carlos, que sustituyó al dictador Francisco Franco en la jefatura del Estado y ejerció de gran imán cuya atracción influyó en todas las fuerzas políticas interesadas en un futuro en paz y libertad.

En segundo lugar, Adolfo Suárez, primer presidente del Gobierno, que procedía de la estructura de poder de la dictadura y supo maniobrar con inteligencia. Logró aliviar las presiones, tanto de los focos afines a Franco como de los que deseaban un cambio vertiginoso y radical de la situación.

Y, por último, la mayoría de los españoles. Los franquistas y los que habían vivido el franquismo como un período de bondades, aunque eran reacios a emprender aventuras arriesgadas, cedieron su espacio para favorecer el cambio. Los partidos en la clandestinidad y toda su militancia proporcionaron el tiempo suficiente para fabricar un ambiente propicio en el que se produjese una ensambladura sin turbulencias.

Y así ocurrió. La España aislada, sumida en décadas de dictadura, ultracatólica, por la que nadie apostaba, la que llenaba Europa e Hispanoamérica de emigrantes, la del turismo y las castañuelas…, renació.

En muy pocos años se consolidó la monarquía constitucional y nos convertimos en uno de los diez países más ricos del mundo. Fuimos ingresando en los diferentes organismos internacionales y culminamos este proceso con la incorporación a la OTAN en 1982 y a la Unión Europea en 1985.

En este proceso solo hubo dos sombras. La primera fue el fallido golpe de Estado de 1981, que, afortunadamente, contribuyó a acelerar la integración de España en las instituciones europeas. Había prisa por incluirnos en la estructura internacional. Este suceso también condujo a la reforma del Ejército español, que en pocos años, por fin, se transformó en una institución democrática y ajena a la política, tras dos siglos de intromisión en la estabilidad de los Gobiernos.

La segunda sombra, mucho más alargada, fue el terrorismo de ETA y de otras organizaciones como los GRAPO, ambas de origen marxista. Una actividad armada que hemos sufrido hasta hace muy poco y que dejó casi un millar de asesinatos de inocentes, incluidos niños. El terrorismo vasco nació y creció al amparo de la Iglesia vasca. A la muerte del dictador se convirtió en una organización mafiosa que contó con la complicidad de Francia, aunque España fuera un país democrático.

Grabé un audio en honor de las víctimas del terrorismo. Es muy duro, hiela la sangre, pero era lo mínimo que podía hacer para preservar la memoria de tantas vidas segadas inútilmente e intentar dar algo de calor a tantas familias deshechas. Hoy vemos cómo el Gobierno democrático de España pacta con los grupos políticos sucesores de ETA, entre cuyos miembros encontramos a sujetos condenados por terrorismo. Este abominable espectáculo han de soportarlo a diario los hijos, padres, hermanos y viudas de los asesinados, a los que tenemos siempre presentes cuando se los veja a través de las instituciones.

Esta es, como otras, una herencia del pasado que poco a poco se va haciendo invisible. Los jóvenes de hoy no saben lo que supuso esta historia de muerte y sufrimiento. Pero aquellas personas que fueron asesinadas merecen, aunque solo sea por su proximidad en el tiempo, un mínimo de recuerdo y respeto.

Volviendo a la Transición, ¿qué sucedió en España para que se produjera este cambio en favor de las libertades? ¿Por qué, esta vez sí, llegó a cuajar un proyecto democrático? He reflexionado mucho sobre este tema y sobre lo que viví aquellos momentos tan importantes de nuestra historia. También he leído mucho acerca del asunto, por lo que he sacado algunas conclusiones.

En primer lugar, había un amargo recuerdo de lo que fue la Guerra Civil y sus terribles consecuencias. La población española de aquellos años del cambio era sumisa, por haber vivido durante tanto tiempo bajo una dictadura, lo que también facilitó el proceso. Por otro lado, pese a que las libertades estaban restringidas, el nivel de vida en España era elevado y nadie quería perder lo que tanto esfuerzo le había costado.

Occidente, de la mano de Estados Unidos, caminaba sin fisuras en medio de la guerra fría con la URSS, de modo que el régimen de Franco no tenía razón de ser tras su muerte. Era un tren que estábamos obligados a tomar si queríamos integrarnos en el mundo desarrollado.

La monarquía, en la figura del rey Juan Carlos, se desvinculó rápidamente de sus lazos con la dictadura para apadrinar la nueva democracia. Y uso el término *apadrinar* a propósito, porque los reyes lo fueron de todos los españoles. La fuerza, la confianza y el espíritu de unión que proporcionaron don Juan Carlos y doña Sofía no admite discusión. Digo esto porque lo viví. La figura del rey fue imprescindible para que todos, por primera vez en la historia española reciente, nos sintiéramos acogidos bajo un mismo manto. Escribo «todos» quizá demasiado categóricamente porque, como puedes imaginar, las minorías residuales no estaban en sintonía con este estado de cosas. De todos modos, en aquel momento ya se podía intentar revertir pacífica y libremente, mediante la democracia y el uso de las urnas, cualquier situación.

Tanto la izquierda como la derecha cedieron en sus exigencias. Unos aceptaron el papel integrador de la monarquía, mientras que los otros permitieron la legalización del Partido Comunista. Por fin, los «hunos y los hotros» se entendieron. Te podrá parecer extraño, pero recuerdo muy bien el impacto que causó una fotografía publicada en todos los periódicos. En ella, Manuel Fraga, líder de la derecha y exministro de Franco, y Santiago Carrillo, secretario general del Partido Comunista de España, aparecían charlando amistosamente entre sonrisas. En aquellos tiempos fue una imagen icónica. La palabra *reconciliación* comenzaba a escalar puestos en el vocabulario general.

El papel del Partido Socialista acercándose al centro político también resultó determinante a la hora de engrasar la máquina. Tampoco dejemos de lado a la Iglesia, que cedió lo necesario para que desde los púlpitos se viera con esperanza la nueva situación. Lo mismo ocurrió con los sindicatos, que atenuaron las reivindicaciones para que las calles no se incendiaran. Todo el mundo tenía ganas de llegar a un entendimiento y mirar hacia delante.

Para alguien que no conozca el «cambio», todo lo que vengo relatando debe de esclarecer el esfuerzo que hizo una sociedad al completo para regalar a las generaciones venideras una España mejor, en paz y con futuro.

La herencia había sido aprovechada. Dejó de ser transparente para convertirse en el asidero al que se aferró toda España. Hubo sensatez, fundamentalmente en la clase política, que daría mil vueltas a la actual. La calle secundó sin problemas a los políticos y el resto lo puso Europa, que tenía mucho interés en que un país tan importante tomara la senda de la normalidad. Una Europa que hoy algunos desprecian, pero que entonces se veía tan inalcanzable como cuando un niño mira embelesado una tarta en el escaparate de una pastelería. Bueno, es una licencia que me he tomado, porque hoy un niño se compra dieciséis bollos con un euro. Lo que lleven los bollos en su composición ya es harina de otro costal, nunca mejor dicho.

En la actualidad, la inmensa mayoría de los españoles, excluyendo las minorías siempre ofendidas y los «Trumans» (luego lo explico), aprecian nuestro sistema de libertades y valoran la convivencia entre todos los españoles, que deja al convulso siglo XIX al fondo del túnel del tiempo. Por supuesto, es una democracia mejorable, lo que nos obliga a no bajar la guardia y a involucrarnos en su perfeccionamiento.

Muchos no saben lo que sucedió en este proceso llamado Transición que quiero reivindicar ahora que nos encaminamos hacia el final del libro. Es un período que nos ha de servir como herramienta pedagógica y cuyo conocimiento debemos transmitir como parte de una herencia muy valiosa.

Hoy asistimos con perplejidad a un intento de legislar sobre la historia reciente bajo el subterfugio de la denominada «Ley de Memoria Histórica». Una invención maquiavélica que nos traslada a la vieja España de buenos y malos cuando, como hemos visto, la Transición ya quedó sellada con extraordinarios resultados. Un ejemplo más del uso de la historia al servicio de una causa bastarda: la intromisión en las mentes más frágiles con fines electorales. Esta Ley nos retrotrae al siglo XIX y hace que nos revolquemos de nuevo en ese mugriento lodazal que creíamos desaparecido.

Ya no quedan testigos vivos de lo que sucedió en aquella guerra indecente que marcó a varias generaciones. Ya nadie nos puede contar lo que aconteció, y parece que es hora de que algunos aprovechen el vacío. En una guerra no existe el bando del bien ni el del mal. Ya desarrollé este tema en un audio donde se explica cómo se llegó a esa situación de antagonismo, en gran parte por nuestro pasado convulso, pero también por unos políticos enajenados. No olvidemos, sin embargo, que los políticos fueron elegidos en las urnas. Ellos siempre son el espejo de una sociedad, por lo que es infantil cargar sobre sus espaldas un asunto que nos compete a todos.

Es lógico pensar que, tras una larga dictadura en la que los vencidos fueron silenciados y reprimidos, estos merezcan una reposición moral y un reconocimiento por parte de los vencedores. Esto ya sucedió en la Transición, cuando los «hunos y los hotros» enterraron sus desavenencias para construir una España nueva y limpia que mirase hacia delante. Ya no quedan afectados por aquellos sucesos porque ya no están entre nosotros. La inmensa mayoría de nuestros padres, abuelos y bisabuelos decidieron cerrar aquella página durante la Transición. Por eso este período es trascendental. Respetemos lo que eligieron y no nos inmiscuyamos en su herencia ni en su memoria con leyes alimentadas por la más profunda ruindad.

Todos conocemos a personajes que, a pesar de tener a mano esta información, utilizan el recuerdo de la Guerra Civil como argumento y desprecian el esfuerzo que se hizo a partir de 1975. Los más indocumentados incluso denominan despectivamente el proceso de la Transición como «régimen del 78». En su carrera por apagar sus inseguridades, han decidido cocear a todo lo que encuentran a su paso y hacer válido aquello de «lo que no entiendo, lo rompo». Seguiría, pero aquí me quedo. Sinceramente..., que les den.

Nosotros vamos a lo nuestro, secundando y mejorando la labor de aquellos que iniciaron este nuevo camino que comenzó hace ya lustros. El tiempo pasa y se me ha torcido el gesto cuando he pensado que en el 2025 se cumplirán cincuenta años de la muerte de Franco. Qué mayor me voy haciendo y cómo disfruto contándotelo.

Modelos

La Real Academia Española de la Lengua define *modelo* como un «arquetipo o punto de referencia para imitarlo o reproducirlo». En lo que a la historia de España se refiere, habría que definir qué o quién goza de la suficiente enjundia para merecer tal distinción.

Tomar un personaje del pasado como modelo presenta tres aspectos especialmente delicados. El primero, la autenticidad de la información que nos ha llegado y, en ocasiones, la duda de su propia existencia. El segundo, volviendo al tema del que hablábamos al comienzo del libro, si es correcta la valoración de sus acciones desde nuestros parámetros presentes. Y, por último, qué tipo de hechos pueden convertir a una persona en modelo.

Si hay algo que trasciende las generaciones y se graba a fuego en la herencia recibida son los modelos. La información no solo nos llega por escrito, sino también por vía oral. Imagino a una docena de niños escuchando las aventuras de un marino tras una larga travesía en carabela, o a un juglar congregando a un pueblo entero para narrar las hazañas del Cid. Doy mucha importancia a la transmisión oral. Aunque nos llegue algo deformada, siempre le da un pellizco a la realidad. Prestemos atención a los viejos cuentos y a las canciones tradicionales, porque guardan una información valiosa.

Por supuesto que la escritura merece más credibilidad, sobre todo si quien maneja la pluma es riguroso. Pero lo que, salvo excepciones, nos acerca más a la realidad es el tiempo. Me ocurre cada vez que preparo un audio. La cantidad de información que encuentro sobre un tema del siglo XII es ridícula si la comparo con la que hay disponible sobre cualquier asunto del XIX. Es decir, cuanto más tengo que retroceder en el tiempo, más me cuesta abordar una cuestión. No creas que todo esto, por obvio que pueda parecer, lo tienen muy interiorizado aquellos que han sido educados después de la EGB, BUP y COU, donde se nos enseñó a hacer algo tan simple como pensar. No te preocupes si te encuentras en ese grupo; si has llegado hasta aquí, ya eres de los míos.

Voy a poner algunos ejemplos de modelos con los que me he ido encontrando a lo largo de los audios.

Comenzaremos por el modelo de la sociedad que se desarrolló en las líneas fronterizas con al-Ándalus, durante la Reconquista. Generaciones que tuvieron que sobrevivir en una incertidumbre constante, pero que lograron asentarse en territorios inhóspitos. Y, lo más importante, quizá sin ser conscientes de que su fuerza residía, al menos en parte, en el espíritu de una recuperación legítima del territorio que venía de muy atrás. Tal vez sin saberlo, estaban imitando el modelo de sus antepasados.

Un recuerdo para todos aquellos que padecieron la peste negra en la Edad Media. Pongo este ejemplo desde el conocimiento de estar sufriendo una pandemia en la actualidad. No puedo imaginar el golpe que debió de significar en el siglo XIV enfrentarse a una enfermedad que acabó con más de la mitad de la población. Pensar en su situación, sin medios y sumidos en la ignorancia científica, debería servirnos de estímulo para afrontar con entereza circunstancias similares.

Voy a situar en un lugar de honor a Isabel I de Castilla. Que una mujer superara tantos obstáculos para subir al trono es uno de los modelos más claros de determinación. Pero no solo reinó por su coraje sino también por su inteligencia, que hizo valer en una sociedad exclusiva de hombres.

No olvidemos a todos y cada uno de los exploradores que, desde el siglo XV, se enfrentaron a expediciones al fin del mundo con unos medios ridículos. Aunque su principal motivación fuera el enriquecimiento, no deja de ser lícita. También hubo muchos que atravesaron enormes océanos provistos tan solo de su hábito y su fe para cumplir con una misión evangelizadora. Gentes sin nada que perder que dieron un vuelco a sus vidas en el momento exacto para hacer avanzar a la humanidad. Tenemos que recordar especialmente a los marinos españoles que hallaron un nuevo mundo. Estos aventureros impulsaron el conocimiento con sus descubrimientos de nuevas tierras, trazaron insospechadas rutas marítimas y conectaron culturalmente sociedades enteras.

Qué decir de la explosión artística del Siglo de Oro, que coincide con el reinado de la Casa de Austria. El interés por la cultura y el arte no es algo que sobre en nuestra historia, pero si se dan las condiciones oportunas, puede llegar a suceder algo tan grande como lo que aconteció entonces. Pongo énfasis en este tema porque estoy convencido de que Cervantes, Góngora, San Juan de la Cruz, Santa Teresa de Jesús, Quevedo, Tirso, Calderón, Lope, Nebrija, El Greco, Berruguete, Velázquez, Zurbarán, Ribera, Murillo y Herrera, entre muchos otros que se me quedan en el tintero, hoy habrían sido neutralizados por una cultura, cuando menos, superficial. Por eso veo aquí un modelo.

Al hilo de la referencia a la peste negra, debemos poner de relieve los esfuerzos humanitarios que realizó España para llevar soluciones sanitarias hasta el último rincón de sus provincias. La Real Expedición Filantrópica de la Vacuna, a cargo de Francisco Balmis, que dio la vuelta al mundo a comienzos del siglo XIX, es un modelo de responsabilidad sobre los habitantes de todos los territorios del Imperio español. Este ejemplo choca frontalmente con la leyenda negra, basada en la deformación de una España depredadora.

No podemos olvidar la reacción unánime de la sociedad (me gusta evitar la palabra *pueblo*) ante la invasión napoleónica. Esta respuesta tiene como episodio más significativo los hechos del 2 de Mayo de 1808 en Madrid. Los franceses invadieron multitud de territorios en Europa, pero el caso español fue muy diferente. A pesar de una élite que, con buena y cándida intención, simpatizaba con los invasores creyendo que traían el progreso, la resistencia fue unánime. Y fue así porque España se había creado una identidad propia, porque atesoraba una herencia invisible que tenía bien presente. Este sentimiento, construido a través de los siglos, termina empapando a las personas mediante costumbres, relatos orales, referencias culturales e históricas, lecturas... Algunos lo llaman «patriotismo», pero yo prefiero no poner nombre a los sentimientos, sino entenderlos.

Cada vez que paseo por el centro de Madrid, no puedo sino rendir un íntimo homenaje a aquellos que, durante la guerra de Independencia, defendieron su dignidad y, no lo olvidemos, también la nuestra.

El funesto siglo XIX culminó con el fatídico 1898 y los españoles tuvieron que sobreponerse a un momento muy complicado para la nación. Ya sabes que se perdieron las últimas posesiones en ultramar, pero sucedió un hecho singular que habla muy a las claras de la condición humana y, en concreto, del peso de la historia.

Ocurrió en Filipinas, durante la guerra con Estados Unidos. El 10 de diciembre de 1898 se firmó un tratado de paz por el que España cedía el control de Filipinas, pero un destacamento de cincuenta soldados permaneció atrincherado en la iglesia del pueblo de Baler, en la isla de Luzón. Fueron conminados a rendirse de mil formas diferentes, pero no creían que la guerra hubiera terminado. No dieron validez a los documentos que les mostraron ni atendieron a los requerimientos de los mandos, pensando que eran traidores.

Se mantuvieron allí durante 337 días hasta que la noticia de un periódico los convenció de que el conflicto había concluido. Casi un año de heroica resistencia, sin apenas alimentos, enfermos y carentes de munición. Durante el asedio, repelieron constantes ataques e incluso llegaron a hacer salidas para desgastar a los sitiadores. Cuando el 30 de junio de 1899 por fin salieron de la iglesia, entre honores del enemigo, quedaban 33 supervivientes. A todos se les facilitó su regreso a España, pero ni fueron reconocidos ni se les hizo justicia. Simplemente se condecoró al teniente jefe del destacamento y se proporcionó a los soldados una ridícula suma de dinero. Se sabe que algunos terminaron en la mendicidad y otros llegaron a conocer la Guerra Civil y murieron durante su desarrollo.

La gesta se relata en otro de mis audios. Me produjo un gran impacto indagar en la materia, pues creía conocerla, pero en realidad no era así.

Tanto Cuba como Filipinas, aunque hoy nos cueste asimilarlo, formaron parte de España a todos los efectos. Perder esos territorios fue como si nos arrancaran algo que llevábamos muy dentro. La decidida defensa de aquellos hombres debió de estar motivada por ese arraigo, o por el puro compañerismo ante la desesperada situación de un grupo aislado en tierras tan lejanas.

En cualquier caso, volvemos a toparnos con sentimientos heredados. Aquellos soldados no defendían una iglesia; luchaban por algo mucho más profundo: un pasado lleno de recuerdos y referencias. Hombres que fueron sacados de sus labores, generalmente agrícolas, muchos de ellos analfabetos, sin recursos económicos para librarse del reclutamiento. Pero no desertaron ni se rindieron pese a ser conminados a ello. Resistieron como una piña hasta que la cabeza pudo con el corazón. Evidentemente, nos encontramos ante una actitud ejemplar.

Retomamos la Transición como período modélico, pese a que desde una visión actual puedan achacársele errores y carencias. A día de hoy es muy sencillo encontrar fallos y responsabilizar a los que patronearon aquel barco en medio del oleaje. Una vez vista la película, es muy fácil decir quién es el asesino. Que no se nos olvide nunca, sin embargo, que fueron aquellos pactos y movimientos trascendentales los que nos trajeron hasta aquí. Decir lo contrario es no conocer nuestra propia historia.

Para finalizar este apartado, vamos a mencionar un caso muy especial. Se trata de un personaje que ha contribuido en gran medida a recuperar la autoestima de una buena cantidad de españoles que buscan en su pasado anclajes sólidos. Me refiero a don Blas de Lezo y Olavarrieta. Explicaré por qué merece que lo traigamos a colación.

Tras haber estudiado mucho a esta figura, que inició su andadura a comienzos del siglo XVIII, he llegado a conocerla a fondo. Para empezar, llaman la atención sus heridas de guerra. Sufrió la primera cuando tenía tan solo catorce años. Posteriormente perdió un ojo, una pierna y la movilidad de un brazo, lo que ya le aproxima a un perfil heroico. Sus victorias en numerosas batallas, tanto navales como terrestres, y su bravura al afrontar el peligro también nos ayudan a valorarlo. Y si a esto le sumamos que fue el azote de nuestro enemigo ancestral, Inglaterra, encontramos en don Blas las hechuras de un marino mítico.

Sin restarle un ápice de valor al personaje, no creo que me equivoque mucho si digo que aquellas amputaciones y deficiencias físicas forjaron una personalidad cuando menos difícil. Así lo demuestran las muchas desavenencias que mantuvo con sus mandos superiores. Debía de ser un hombre con una extraordinaria determinación, de ahí las maniobras que emprendió, calificadas de valientes, pero es muy posible que traspasara a menudo la línea roja de la imprudencia. Esta visión de la cara B de Lezo puede ser algo exagerada, pero quizá se acerque a la realidad más de lo que pensamos.

Hace no muchos años, de repente, la difusión de este marino se disparó. Asunto en el que algo tuve que ver, como relato en el audio que dediqué a sus peripecias. El caso es que su nombre comenzó a aparecer en gran número de artículos, libros y tertulias. Todo el mundo pudo conocer a don Blas de Lezo, y por fin sus hazañas fueron reconocidas por una sociedad que se sorprende de que España posea un gran pasado.

Y ahora pregunto: ¿cuántos coetáneos de Lezo debieron de llevar a cabo acciones parecidas y no han merecido el mismo reconocimiento? La respuesta es: varias decenas. Perdona por no extenderme dando nombres y hechos, pero es algo que he intentado evitar durante la escritura, porque, como has podido ver, esa no es aquí la intención.

En ello radica precisamente la importancia de Blas de Lezo. Su vida, haciendo las veces de potentísimo altavoz, ha suscitado el interés de millares de personas por nuestro increíble y hasta hace muy poco desconocido siglo XVIII, que comenzó con la llegada de los Borbones. La fuerza «cinematográfica» del personaje es tal que el conocimiento de ese siglo por parte del ciudadano medio ha experimentado un gran avance.

Todas las personas que pueden calificarse de modelos históricos ejercen una gran atracción sobre la época en la que desarrollaron sus acciones. Así, Isabel I de Castilla ha dado a conocer el fin de la Reconquista y la entrada en el Renacimiento, mientras que los Últimos de Filipinas son un reflejo de lo que fue la crisis del 98. Se trata de ejemplos simples, pero la expansión del conocimiento, sobre todo el de nuestra historia, funciona así. Hay que poner algo de azúcar en la cuchara del medicamento para que el niño se lo tome.

Por todo ello, Blas de Lezo es un modelo mediante el que muchas personas han conocido que el Ejército español infligió a la poderosa Inglaterra la mayor derrota de su historia. Luego, si rascamos en los documentos, comprobamos que fue importante pero no estaba solo. Había muchos otros profesionales a su alrededor que contribuyeron de igual manera a obtener aquella victoria. Aun así, la figura de don Blas nos sirve para seguir atrayendo personas a la historia de España. Bienvenido sea por siempre.

Para terminar este apartado, quisiera compartir uno de los objetivos que tengo en mente cuando grabo un audio y también mientras escribo estas páginas. Tomamos modelos para ensalzar determinados momentos de la historia y valores personales dignos de imitarse. Pero, lo que es mucho más relevante, mediante estos grandes personajes rendimos honores a todos aquellos protagonistas anónimos que los acompañaron. Jamás sabremos los nombres de los marinos que dispararon los cañones contra los navíos ingleses, pero sí que don Blas no pudo hacerlo solo.

Puede parecer un argumento muy básico, pero para mí no lo es. Se trata de esa herencia invisible que cuesta tanto recibir. Cuando no se recibe directamente, hay que intuirla para poner de relieve a tantos seres anónimos que contribuyeron a construir nuestra historia. Seguramente nosotros también seremos anónimos para las generaciones venideras, pero habremos ayudado a mejorar las cosas si nos implicamos lo suficiente.

Si existe un homenaje lleno de sentido que ensalce un modelo, ese es el que dedicamos a las mujeres y a los hombres anónimos. Por eso siempre me han impactado los monumentos al soldado desconocido.

QUINTA PARTE

¿Somos conscientes?

El que no se siente de verdad perdido se pierde inexorablemente; es decir, no se encuentra jamás, no topa nunca con la propia realidad.

José Ortega y Gasset, siglo xx

Nuestro Árbol

Si las sensaciones me dicen que la nación española comenzó a gestarse en época visigoda, cada día tengo más claro que su identidad brota de los márgenes del Camino de Santiago. Cuando termina la Reconquista y se da el salto a América, la personalidad de lo que hoy conocemos como España ya está absolutamente formada. Si hablamos de herencias, las más importantes ya están por esa época escritas y transmitidas.

Como ocurre con los árboles, los primeros años de un grupo humano son los más valiosos, pues perfilan lo que será cuando crezca. De ahí que me guste dar más importancia a nuestras raíces que al tronco y a las ramas. Si las raíces son sólidas, el árbol crecerá fuerte.

Veo a España como un viejo y robusto árbol que cada año muda sus hojas, que somos nosotros. Es muy posible que algunas hojas no tengan consciencia de pertenecer al árbol, pero de forma inequívoca le pertenecen. Cuando una sola de ellas se seca, el árbol se debilita y el resto se resiente. Por eso creo que es fundamental que seamos conscientes de nuestra naturaleza como hojas y conozcamos nuestras raíces.

Alrededor del árbol de España hay otros que le acompañan. La mayoría son más jóvenes y tienen raíces menos profundas, pues atesoran una historia más breve que el nuestro. Aun así, sus hojas son exactamente iguales que las nuestras.

Continuando con el símil, nuestras raíces ya han quedado definidas en las páginas anteriores, incluyendo la expansión por

América. Lo que viene después es un tronco constituido por siglos, dinastías, reyes y acontecimientos de los que surgen diversas ramas. Estas, cuanto más se alejan del tronco, menos importantes parecen, pero son las que proporcionan vistosidad y vida.

Cuando miramos un árbol disfrutamos del verdor de sus hojas, de su espesura y del rumor que produce al agitarse por el viento. Pero sabemos con certeza que detrás de ese verdor hay una raíz, un tronco y unas ramas. No reparamos en ellos porque son... invisibles. Invisibles como nuestra herencia, que comienza su recorrido a varios metros bajo tierra.

Somos hojas que pendemos de las ramas que nos sustentan, pero paradójicamente las cubrimos y no dejamos que se vean. Creemos que nuestro verdor es innato y propio, como un regalo mágico, porque nos olvidamos de las ramas. Nuestra hoja incluso puede estar situada en la copa del árbol, lo que nos hace sentir mucho más especiales todavía. Sin embargo, es pura ilusión.

No dejemos nunca de agradecer a nuestra rama, a nuestro tronco y a nuestras raíces el verdor de nuestra hoja. Y, lo más importante, no olvidemos que compartimos tierra con otros árboles.

El show de Truman

Hace un cuarto de siglo, concretamente en 1998, llegó a los cines una película que me llamó mucho la atención y se convirtió enseguida en una de mis favoritas. Es muy probable que la hayas visto también. Su título es *El show de Truman* y obtuvo tres nominaciones a los Oscar.

Nos cuenta la vida de Truman, un hombre de mediana edad cuya vida es retransmitida en directo, en lo que hoy llamaríamos un *reality*, desde su nacimiento. Lo sorprendente de este personaje televisivo es que no se da cuenta del engaño al que está siendo sometido. Está atrapado inconscientemente en su ignorancia. Su día a día transcurre en una ciudad que en realidad es un megaestudio de televisión bajo una gigantesca cúpula, rodeado de centenares de actores que simulan pertenecer a su falso entorno. La vida de Truman, en manos de un guionista y un director, se retransmite diariamente en un programa que ven millones de espectadores.

Tras unos errores técnicos en el desarrollo de uno de los episodios, Truman sospecha que algo raro ocurre y empieza a hacerse preguntas sobre su vida. Un día, ata los cabos sueltos y descubre la falsa trama, para terminar liberándose de su cárcel mediática.

El argumento de la película puede parecer fantástico o exagerado, pero si tenemos en cuenta que fue rodada en 1998, podemos decir que se adelantó a la ola de *realities* que ha invadido las cadenas de televisión en el nuevo milenio. Hoy, acostumbrados al éxito del formato de *Gran Hermano* y a la profusión de personas que nos muestran su vida en directo a través de las redes sociales, nos puede parecer una película más. Te recomiendo que la veas o que la vuelvas a ver para apreciar su visionario argumento.

Detesto las tramas con planteamientos facilones sobre realidades paralelas o sobre conspiraciones contra pobres personajes inocentes. No creo que haya élites que muevan en la sombra los hilos del mundo. Pero sí pienso que se puede retratar muy bien a una sociedad mediante su caricaturización, como hace de maravilla esta película.

Hoy en día, y tengamos cuidado porque afecta a la herencia que vamos a transmitir, huimos constantemente de la realidad. La tecnología se ha apropiado del espacio de las humanidades y el pensamiento individual está desapareciendo a marchas forzadas. Las nuevas generaciones se pasean, como Truman, por ciudades ficticias y entre vecinos ficticios porque han sufrido un menoscabo de su pensamiento más básico. Incluso vemos a menudo cómo se tacha de ridículo el pensamiento que nos une a griegos y romanos.

Creo que existen dos mundos, uno real y otro ficticio. Dicho de otra manera, hay dos tipos de personas, las que conocen la verdad y las que viven sumidas en el desconocimiento. Lo curioso es que ambas son felices, pero por motivos muy diferentes. Lo que es seguro es que las que comprenden la realidad llevan ventaja porque tienen muchas más opciones de vida. Para pertenecer a este grupo, basta con que busques tú mismo la información y evites que te informen. Y esto, con los enormes medios de los que disponemos actualmente, se puede lograr sin ningún problema. Al final, Truman consigue conectar con la realidad por pura curiosidad y por la inquietud de conocer más allá de lo superficial. No hace sino informarse y renunciar a que le informen.

Sin embargo, tenemos también a quienes disfrutan observando a Truman. Estos individuos buscan una válvula de escape en el ocio y, más concretamente, en aquellos espectáculos que exponen la vida de otros hasta el más mínimo detalle. Los programas de telebasura, de los que en España hay bastantes ejemplos, baten récords de audiencia. Por no hablar del auge de las revistas del corazón.

No estoy diciendo que este tipo de ocio no pueda tener su espacio, ni que haya que llevar siempre un libro de Platón en la mochila. ¿Quién no se ha quedado enganchado al televisor alguna vez ante una bronca entre el exmarido de una tonadillera y la hija del segundo matrimonio de un torero? El ocio es necesario, y en ocasiones estos sainetes de consumo rápido nos evaden de nuestros quebraderos de cabeza cotidianos.

El problema es que esta clase de ocio mantiene adormecida a una numerosa audiencia que acepta todo tipo de consignas sin ser consciente de que está siendo manipulada a través del letargo intelectual. Tal vez parezca un tema superficial, pero estos contenidos pueden llegar a ser muy perniciosos porque impiden construir una sociedad libre, responsable y dotada de sentido crítico.

Pues, sintiéndolo mucho, este es el modelo que vamos a dejar como herencia a los niños y niñas que nos sucederán. Una vida vacía de contenidos profundos, frívola y hedonista en el peor de los sentidos. En nuestra mano está corregir este estado de cosas. Con este libro me propongo aportar mi visión sobre el problema.

Quizá sea este otro de los motivos del éxito de *Memorias de un tambor*, que proporcione contenidos profundos a la par que personales y de fácil acceso. Como decía al principio, me he convertido en un activista de la recuperación de las humanidades y del pensamiento individual. O por lo menos estoy intentándolo con todas mis fuerzas.

Dentro de este contexto de cambios sociales y comunicativos, no quisiera dejar de lado mi punto de vista sobre las redes sociales. Si nos detenemos a pensarlo, las redes sociales están repletas de Trumans que creen dominar la situación, pero que son arrastrados por la corriente de manera trágica.

Seas o no usuario de estas plataformas digitales, las utilices más o menos, es imposible negar que vivimos en una época en la que la interacción que ofrecen se ha convertido en una herramienta de comunicación con una influencia extraordinaria. En muchas ocasiones desmedida.

Si dejamos aparte los perfiles de personas influyentes, populares, famosas o que, por cualquier motivo, tienen la posibilidad de aportar su experiencia a la comunidad, el grueso de los usuarios juega un papel, en teoría, irrelevante. Aun así, estos modestos miembros pueden llegar a utilizar las redes como foro para acercarse a personajes que de otra forma serían inaccesibles. Además, estos medios tienen la capacidad de crear opinión y de constituirse en vehículo de denuncia. Como todas las herramientas, las redes sociales son muy valiosas si se utilizan con criterios constructivos.

Como puedes suponer, ahora viene el «pero». En efecto, las redes se han transformado en el espejo de la sociedad. No se puede generalizar, pero basta con sumergirse en alguna de ellas para comprobar en qué situación nos encontramos.

Ego sin control, mitomanía, violencia verbal o falta de autocrítica son características comunes de infinidad de perfiles. Hasta tal punto llega la degradación que son muchas las personas con potencial para compartir sus conocimientos o su experiencia que han abandonado las redes. Y lo peor es que dejan este medio de comunicación y de expresión al albur de usuarios que, por supuesto, no expresarían lo que dicen si no tuvieran ocasión de escudarse en el anonimato. El anonimato te convierte en un ser irreal, en un Truman que no puede aportar nada porque no existe.

El otro extremo es el personalismo. La necesidad de contar nuestra vida, la búsqueda de la perfección física o la publicidad constante de nuestros éxitos nos llevan de cabeza a la frustración. Hay quienes persiguen constantemente la aprobación de los demás, lo que hace que renuncien a su esencia en beneficio de una falsa identidad. Dejan de controlar su propio yo, su tiempo y su espacio para dedicárselos a unos terceros que lo más probable es que no los aprecien. Si ese supremo esfuerzo por parecer felices lo emplearan en potenciar las relaciones con los que de verdad los aprecian, sus familiares y amigos, las noches serían para ellos mucho más plácidas.

Esta es mi visión de las redes sociales y del modo de relacionarnos que impera actualmente. Sin grandes pretensiones, porque solo responde a mi experiencia, la dejo aquí por si puede servirle a alguien.

Por fortuna, nunca he tenido graves problemas ni malas experiencias en las redes sociales, quizá porque me limito a promocionar el pódcast y la historia de España. Pero cuando indago un poco en los contenidos más básicos de estas plataformas, me invade el desasosiego. Otro asunto que, por complicado que parezca, tenemos que comenzar a corregir entre todos. Y la mejor forma de hacerlo es involucrarnos en estos medios y aportar nuestro sentido común. He estado tentado de abandonarlas, pero eso sería un error. Estamos ante el modo de consumo de información más utilizado en el siglo XXI, y, aunque no nos guste, es el escaparate de las ideas.

Debemos involucrarnos en la construcción de la sociedad. Escuchando al de enfrente, siendo autocríticos, defendiendo nuestras posturas con determinación, compartiendo nuestras experiencias y, lo más importante, sabiendo que toda acción o inacción repercutirá en la herencia que vamos a transmitir. Sí, lo sé, he empleado el término *herencia* más de cien veces. Qué importancia no daré a esta palabra cuando me he decidido a escribir un libro que la incluye en el título. Seguro que Truman se puso a escribir uno cuando logró conectar con la realidad, para que otros pudieran aprender de ella.

Si desconocemos nuestros orígenes culturales, si no sabemos quiénes fueron los cartagineses, si ignoramos que hablamos en romance o pensamos que el Camino de Santiago es solo una ruta turística, nos convertiremos en Truman.

No creo necesario explicar la moraleja de este apartado cinematográfico. Quisiera dejar como última reflexión que las soluciones debemos encontrarlas en nosotros mismos. No podemos culpar a nadie de estar desinformados, porque tenemos a mano todas las herramientas para evitarlo. Aquellos que viven felices en la ignorancia no imaginan a qué están renunciando. Yo mismo viví en ese estado durante un tiempo. Fui Truman hasta que un buen día descubrí lo que entrañaba mi propio pasado.

Generaciones

Todos utilizamos el concepto de «generación» en nuestras conversaciones diarias. Hablamos constantemente de conflictos o diferencias generacionales, por ejemplo, pero ¿sabemos cuánto tiempo abarca una generación? Consultemos la definición que ofrece el *Diccionario de la lengua española*: «Conjunto de las personas que tienen aproximadamente la misma edad». No nos saca de dudas.

Según otra acepción, es el tiempo que transcurre entre el nacimiento de una persona y el de su descendencia. Así, toda generación estaría separada entre veinte y treinta años de la anterior. El problema es que solo vale para el núcleo familiar. Es decir, mi abuelo sería de una generación, mi padre de otra y yo de otra. Tampoco nos vale para definir a un grupo social.

Existe asimismo el concepto de «generación social», que se define como «grupo de personas nacidas en el mismo espacio temporal y que comparten experiencias culturalmente similares». Aunque sigue siendo difusa, esta clasificación se acerca más a lo que estamos buscando. Actualmente se habla de *boomers*, de la «generación X», de *millennials* o de la «generación Z» para clasificar a los individuos nacidos a caballo entre los siglos XX y XXI, aunque esta terminología persigue más el mero etiquetado que una clasificación rigurosa. Con todo, tampoco es tan importante que cataloguemos las diversas generaciones, porque todos podemos entender a lo que nos estamos refiriendo. Pero conviene centrar la cuestión.

Para mí, el concepto de «generación» siempre ha tenido un carácter familiar: un grupo de personas que están bajo el paraguas de sus antecesores. Es decir, relaciono el concepto con la protección. Una protección que finaliza cuando el individuo se considera maduro e independiente. Siendo más claro, doy especial importancia a la generación familiar porque implica una transmisión directa de la cultura, las costumbres y ciertos valores. Sí, he dicho valores. Un concepto que algunos parecen asociar con lo demoníaco.

Disponer de esa cobertura familiar durante la infancia me parece un elemento fundamental de cara al crecimiento de la persona. Aunque tengamos la suerte de recibir el apoyo de los bisabuelos y los abuelos, lo normal es que sean los padres los que se responsabilicen de la tarea de transmitirnos una herencia de manera directa y visible. Aquí abandonamos los sucesos pasados y los lejanos modelos históricos en favor de los sucesos y los modelos que tenemos en el hogar.

La sociedad en la que vivimos adolece del paraguas familiar que tuvimos los de mi generación. Los motivos están a la vista y no me toca a mí analizarlos. Los padres, en general, han ido dedicando cada vez más tiempo al trabajo, a su propia formación y al ocio, por lo que se han visto obligados a compartir el uso de ese paraguas con los maestros o profesores de sus hijos. El docente se convierte en un moldeador de infancias, papel que no hace mucho quedaba reservado a los progenitores. De ahí la creciente importancia de estos profesionales como circunstanciales modelos y transmisores de herencia.

No olvidemos, sin embargo, que el mayor riesgo que corren la transmisión de la herencia cultural y, desde luego, la formación integral de un niño es el desapego de la familia. El profesorado puede y debe colaborar, pero dejar la educación en manos del Estado priva a nuestros niños de una fuente esencial de conocimiento y es un auténtico suicidio colectivo.

El mayor condicionante que nos encontramos acerca de la herencia familiar recibida es el azar. Si nos tocan en suerte unos progenitores conscientes de su papel, tendremos una inestimable ventaja para forjar nuestra personalidad. De lo contrario, deberemos fiar la formación de nuestros primeros juicios al profesorado y a nuestro entorno. Cuando en la actualidad nos referimos al entorno, nos topamos con el enorme salto al vacío que para un niño o un adolescente significa internet. Por mucho que desde la familia o desde la escuela se trabaje en apuntalar las enseñanzas apropiadas para cada edad, el acceso a internet sin la supervisión de un adulto puede desbaratar el trabajo de años.

Por este motivo, ante las fuertes influencias externas que escapan a nuestro control, hay que ser mucho más constantes en la transmisión de valores a nuestros hijos: solidaridad, humanidad, responsabilidad, espíritu de superación, esfuerzo, disciplina, respeto a los demás y, sobre todo, respeto a uno mismo. El autoconocimiento abre todas las puertas y es una de las ideas fuerza que recorren este libro.

Habrá quien tache estos conceptos de trasnochados, anticuados u opresivos. Que no nos engañe, de nuevo, el ruido de ciertas minorías. Todos sabemos lo que se debe hacer para enseñar valores a un niño. Otra cosa muy diferente es que queramos hacerlo porque, con la que está cayendo, es un trabajo muy duro.

Esta es, a mi modo de ver, la clave para transmitir la herencia invisible que todos portamos en mayor o menor medida. Como siempre me gusta recalcar, esto también es historia de España.

Tras estas reflexiones, quiero destacar que el progreso, por desgracia, tiene el coste de dejar atrás antiguas costumbres y enseñanzas. Pero el hecho irrefutable es que, al menos hasta ahora, en España cada nueva generación vive algo mejor que la anterior. Avances sanitarios, tecnológicos y sociales elevan los niveles de vida, con la excepción del ámbito de la cultura. Este aspecto debería preocuparnos, pues la especialización nos convierte en Truman. La falta de «cultura general», esa idea tan conocida como abandonada, arrasa las mentes de una buena parte de los españoles que han crecido bajo un sistema educativo deficitario en esta faceta.

Podría escribir otro libro comparando la educación de los años sesenta y setenta con la actual. Por fortuna, hoy ha crecido la concienciación social en torno a las nuevas tecnologías y a su integración. El problema es el desprecio que merecen la capacidad crítica del individuo y la enseñanza de las humanidades y, en concreto, de la historia. Si no conocemos el pasado no podremos apreciar el progreso. Tampoco tendremos la posibilidad de tomar consciencia de aquello que hemos dejado en el camino y, por tanto, de valorarlo, incluso de recuperarlo. A lo largo de la historia, los nuevos movimientos culturales se han basado en la recuperación; por ejemplo, el Renacimiento se inspiró en los modelos clásicos de la antigua Grecia. Mejor no preguntar a muchos ciudadanos nada que no haya sucedido hace quince días.

Las generaciones van desarrollándose y sucediéndose unas a otras. Qué importante es que las más jóvenes avancen teniendo como modelo a las anteriores, a su cobijo y exprimiendo sus experiencias compartidas. A su vez, las generaciones que van cediendo su espacio a los que vienen detrás deben dejarse llevar por el cauce del tiempo y aprender de la novedad y frescura de las nuevas generaciones. El desprecio a los mayores por anticuados y a los jóvenes por bisoños no es bueno para nadie. Cuanto mayor sea el equilibrio de este ensamble generacional, mejor para todos.

En la Edad Media, durante siglos, las generaciones se sucedían y la forma de vida se mantenía inalterable. El enlace generacional era más sencillo porque una persona hacía lo mismo que sus tatarabuelos. Sin embargo, tampoco tenemos que retroceder tanto en el tiempo: a principios del siglo XX, cualquiera que residiese en un pueblo de España vivía de manera muy similar a sus padres o a sus abuelos. La rutina y la falta de novedades se adueñaban del día a día de las gentes.

Actualmente es tal la cascada de cambios que en el curso de una misma generación nos vemos sorprendidos por las innovaciones. Por eso es tan importante capturar lo esencial. Nuestra sociedad va a tanta velocidad que puede propiciar situaciones difíciles de digerir. Voy a poner un ejemplo muy simple. Se ha puesto en marcha una campaña del Ministerio de Sanidad alertando de los peligros del juego, como antes se ha hecho con el alcohol o con el tabaco. Campañas que se pagan con parte de los inmensos impuestos que generan esos productos y actividades, como para compensar el daño que causan a la sociedad. Es inaudito, pero es lo que hemos construido.

Remitiéndome a las primeras páginas del libro, no podemos asegurar que las decisiones que tomamos sean mejores que las de una época pasada cualquiera. Si un hombre del siglo x pudiera viajar en el tiempo y presenciar nuestra sociedad, pensaría que vivimos en el caos más absoluto. Este viajero imaginario comprobaría que la clase gobernante no se basa en la meritocracia, sino en las intrigas políticas.

Analizaría otros aspectos en los que saldríamos perdiendo si nos comparásemos con la sociedad de la Edad Media, pero prefiero quedarme con lo bueno que tenemos, que es mucho. Además, me metería en algún charco del que me costaría salir.

Para finalizar este apartado, quisiera compartir un par de reflexiones más. Estos pensamientos surgen, en buena parte, de lo que me han transmitido los oyentes. Son innumerables los mensajes de seguidores del pódcast en los que aprecio inquietud por la herencia que transmitiremos a nuestros hijos, así como el reconocimiento de la obra de nuestros padres.

La primera reflexión está relacionada con nuestra responsabilidad a la hora de transmitir una herencia a las generaciones futuras y con la obligación de favorecer su desarrollo, su formación y su capacidad de tomar decisiones. Debemos combatir la ignorancia de la mano del ignorante. No nos creamos superiores al que no sabe, porque tal vez sean sus circunstancias las que le hayan arrastrado a su particular túnel oscuro.

El ignorante es ignorante porque ignora su ignorancia. Y, en el fondo, todos tenemos un grado de ignorancia. El primer paso para salir de ella es ser conscientes de nuestras carencias. Esto lo experimento cada vez que me pongo a preparar un audio. Cuanto más indago, más crece mi sensación de desconocimiento.

La segunda reflexión hace referencia al trato hacia las generaciones de nuestros padres y abuelos. Escuchemos lo que nos tienen que decir y, cuando no estén, respetemos su memoria como si siguieran entre nosotros.

Recuerdo una anécdota de mi infancia, cuando tenía nueve o diez años. Era un domingo por la noche y al que escribe se le ocurrió ponerse a hacer unas manualidades que debía entregar al día siguiente. Agobiado por la hora que era, se lo dije a mi padre. Recuerdo cómo me ayudó a encontrar el material necesario. Yo esperaba que se pusiera conmigo a hacer aquel trabajo, pero me dijo: «Aquí tienes todo el material, ahora solo te falta el tiempo. Si me dices dónde lo venden, voy a comprarlo. Vete a la cama, que mañana tienes colegio». Por supuesto, aunque me pasé la noche sin pegar ojo pensando en la excusa que le pondría al profesor, aquella tarea era intrascendente y la pude entregar al cabo de dos días.

Afortunadamente, pude recordar con él esta anécdota antes de que nos dejara. Siempre la he llevado grabada en la mente como una lección que solo la da alguien inteligente que te quiere y desea transmitirte una herencia. Es difícil que un profesor te enseñe estas cosas.

Todos tenemos la posibilidad de influir con honestidad en otras personas. Manipular es muy burdo y, a la vez, extremadamente sencillo si, además, se hace con niños o adolescentes. Si estás decidido a actuar y quieres dejar tu pequeña huella, debes hacerlo en tu vida cotidiana. No son necesarias grandes obras.

Esta es otra de las razones que me han llevado a escribir este libro, y una de las motivaciones para seguir publicando audios. Un día me di cuenta de que tenía que empezar a actuar porque el tiempo no se puede comprar.

Memorias de un tambor

No podía terminar el libro sin dedicar un espacio al pódcast *Memorias de un tambor.* Estoy seguro de que muchos lectores sois también oyentes y os gustará conocer las interioridades de este trabajo. A vosotros va dirigido este capítulo. A los que no habéis escuchado mi pódcast, estas últimas líneas os ayudarán a conocer mejor a quien os escribe. Espero que os animen a descargar alguno de los audios. Nada me haría más ilusión que os engancharais al «tambor» después de acabar la lectura.

Cuando comencé a estructurar el libro pensé en dejar este apartado para el final, como colofón. Pero decidí incluirlo en esta última parte, «¿Somos conscientes?», porque quiero explicarte cómo funciona un programa de divulgación sin ánimo de lucro. Además, al desvelar información personal relacionada con el desarrollo del pódcast, me gustaría exponer mis inquietudes y la relación que mantengo con la audiencia, lo que, al fin y al cabo, es un reflejo de nuestra sociedad.

Qué diferente ha sido escribir en vez de hablar. Son dos maneras de transmitir, cada una con sus pros y sus contras. Hablando, uno puede adornar las palabras y sugerir diferentes matices mediante el manejo de la entonación. También puede utilizar las pausas y los silencios para favorecer la reflexión y valoración del oyente. Sin embargo, la escritura también tiene sus ventajas: uno no se deja cuestiones en el tintero y expone sus ideas de manera más completa y organizada.

Vamos a centrarnos en el pódcast propiamente dicho. Para empezar, si te soy sincero, *pódcast* es una palabra que he tenido que aceptar a regañadientes. En los correos y mensajes que me llegan, creo haberla visto escrita de veinte formas diferentes. Es normal. En cualquier caso, tras darle muchas vueltas, he decidido aceptarla por aquello de que hay que adaptarse a las nuevas generaciones. Además, a veces es bueno y práctico dejarse llevar por la corriente.

No voy a insistir en los inicios, pues ya los he explicado al comienzo del libro. Aquí voy a referirme a las experiencias que he ido acumulando durante estos años, tras cientos de horas de grabación.

Como hemos visto, la historia es siempre objeto de debate. Se utiliza para hacer trajes a medida de cada ideología, lo que obliga a tener una enorme cautela al elegir los contenidos y sus fuentes. Es tal el peso de la influencia exterior y de las propias convicciones cuando se divulga la historia que nunca puedo dejar de preguntarme si es posible la imparcialidad.

Te puede sorprender, pero la respuesta es que no. No veo posible la imparcialidad, primero, porque estamos condicionados por nuestra herencia particular. Dos personas cualesquiera, aunque posean la misma formación, habrán recibido una herencia diferente de sus generaciones familiares, de modo que tendrán convicciones diferentes. Por supuesto, el carácter también influye en la interpretación de un acontecimiento histórico.

Yo mismo, cuando elaboro un audio, tiendo a añadir este o aquel otro matiz. A veces ni siquiera me doy cuenta. Eso sí, cuando doy una opinión personal procuro advertirlo siempre a los que me escuchan. Pero, inevitablemente, en las intervenciones a título individual introduzco un sesgo en la información que deseo transmitir. Como antes comentaba en cuanto a la ignorancia, el primer paso para aspirar a la imparcialidad es saber que no eres imparcial y que cuesta mucho serlo.

Incluso a la hora de elegir los temas, inconscientemente me decanto por unos antes que por otros. La elección viene dada por los gustos personales y por el grado de conocimiento que pueda tener del asunto. Sin embargo, no soy escrupuloso en la búsqueda de una visión global de la historia de España. Si repasas mi lista de audios, comprobarás que faltan muchos temas importantes y que, por el contrario, se han tratado otros de segunda fila.

Te aseguro que siempre intento acercarme a ese punto medio donde dice el refrán que «está la virtud». Pero una cosa es buscar este equilibrio en el tratamiento de los temas y otra muy diferente mostrarse equidistante con los polos ideológicos que por desgracia existen. No me planteo nunca si esto o aquello puede molestar a los de uno u otro lado. De hecho, tanto los unos como los otros me son absolutamente indiferentes. Simplemente hay que acostumbrarse a oír su estridente musiquilla de fondo, aunque sin pararse a escucharla.

Hemos hablado de la imparcialidad, pero ¿hay autocensura? Una vez más, quizá te sorprenda mi respuesta: sí la hay. En el momento en que siento que mis palabras están demasiado influidas por mi visión subjetiva, dejo el tema y me voy a otra cosa. Cuando edito un audio tras horas de grabación y me escucho a mí mismo, es muy habitual que llegue a eliminar parrafadas enteras. Me pongo en el lugar de un oyente tipo e intento valorar su reacción. En cuanto tengo alguna duda, borro el espacio de audio correspondiente. No es buenismo, es educación. Ya sé que podría decir que «al que no le guste que no venga», pero la realidad es que mi pódcast está abierto a todo el mundo, y mis invitados merecen el máximo respeto. Humor, el justo; palabras soeces, las justas; y valoraciones basadas en mi visión sesgada, también las justas. Porque todos tenemos un punto de vista subjetivo sobre cualquier acontecimiento.

Todo lo anterior no es óbice para que me exprese con naturalidad e incluya comentarios personales, incluso sin relación con la historia ni con el pódcast. Eso me hace sentir que estoy hablando con un grupo de amigos.

El gran dilema al que siempre me enfrento es el nivel de información y profundidad con el que debo tratar los temas, así como el tipo de vocabulario oportuno. Para mí es vital conectar con todas las personas, y el nivel cultural de los seguidores es muy amplio. ¿Cómo conseguir que los contenidos sean adecuados tanto para un profesor de universidad como para alguien que apenas sabe leer?

Hay quienes me han escrito comentando que los audios son su mejor forma de aprender porque les cuesta mucho leer un libro. En la mayoría de las ocasiones me hacen llegar estas impresiones por medio de terceros, porque carecen de la soltura necesaria para escribir un correo. Estas personas también existen y tienen el mismo derecho a saber. Antes apuntaba lo mucho que depende nuestra vida de las circunstancias que nos tocan en suerte al nacer.

Es un problema que intento resolver tratando los temas con naturalidad, intentando no abusar de tecnicismos e incidiendo en lo que creo que es más importante. Procuro que la narración sea atractiva, y el resultado es que el programa tiene oyentes de formación muy diversa.

Un apartado al que doy suma importancia es la introducción histórica. Soy consciente de que, muchas veces, recalco demasiado algunos conceptos previos al tema, pero también sé que en general el oyente lo agradece, sobre todo si no tenía conocimientos sobre la materia. No me preguntes por más «teclas» para crear audios sugerentes, porque no se me ocurren más. Quizá el secreto sea no caer en la impostura y ser uno mismo.

Te he contado cómo percibo el fondo temático de los audios y la manera de afrontarlo; ahora entraremos directamente en la forma. Creo que mi trabajo tiene tan buena acogida por la combinación de unos contenidos equilibrados y una narración muy personal. No tengo conocimientos de *marketing* ni de locución; incluso hablo demasiado rápido, en detrimento de la vocalización y, por ende, de la claridad de expresión. Pero, a pesar de estos condicionantes, los oyentes me cuentan que se enganchan a la narración.

Otra característica que imprimo a la narración es una visión positiva global. Salvo cuando trato algún episodio dramático, procuro ofrecer salidas constructivas. Yo también soy oyente de pódcast, y nada me deprime más que un locutor relatando penas.

Porque una cosa es intentar ser objetivo y otra muy diferente calentar la cabeza al personal. Doy por hecho que quien escucha un pódcast quiere pasar un buen rato y evadirse. No puedes imaginar la cantidad de veces que me reprimo para no soltar un chascarrillo. El sentido del humor es un terreno pantanoso, porque lo que a una persona le hace reír, a otra le puede sentar como una patada en el estómago. Por eso prefiero ser cauto y guardar mis gracias para quien sé que está en mi onda.

De todos los audios que he publicado, solo hay uno que lleva al más profundo desasosiego: el dedicado a las víctimas del terrorismo. Un audio tan complejo de escuchar como de grabar. Pero es un homenaje a tantos asesinados, a sus familias y allegados. Para mí era imprescindible.

Hay un apartado que los seguidores suelen valorar mucho, las «entradillas». Ese espacio, que en ocasiones supera la media hora, en el que explico interioridades del pódcast, novedades y proyectos. A menudo aprovecho para contar algún tema personal que, simplemente, fluye por mis venas. Lo hago con normalidad, porque a mí también me gusta conocer a quien me habla durante horas en los pódcast que sigo. Esa conexión me parece fundamental. Hay quien me dice que esas entradillas sobran y que debería ir al grano. Evidentemente, es una posición respetable. Sin embargo, la gran mayoría aprecia esas confidencias y comentarios sobre el día a día.

Hablemos ahora de las opiniones, las críticas, los halagos y los palos que recibo, sobre todo a través del correo electrónico. Casi todos los comentarios son positivos y muestran un agradecimiento del que muchas veces no me siento merecedor. Lo digo con absoluta sinceridad. El más común es que, tras tantísimas horas juntos, me he convertido en un amigo cercano. He de reconocer que este tipo de valoración es para mí el combustible que necesito para seguir. La transmisión de la historia, de la herencia y los valores que nos aporta el pasado, es muy importante. Pero la conexión humana que se establece es impresionante. Esa gran familia que se está formando en torno a este pódcast es un obsequio tan inesperado como maravilloso. Siento que tengo miles de amigos desperdigados por España e Hispanoamérica, muchos de ellos en auténticos rincones del mundo.

He recibido de los oyentes innumerables invitaciones a que visite sus pueblos y ciudades, propuestas de envío de toda clase de productos típicos, descuentos en tiendas y en seguros, viajes en compañías aéreas, asesoramiento legal, pintura de cuadros, soporte técnico en informática..., todo lo que uno pueda imaginar. Salvo un par de estos regalos tan cariñosos (algún queso o tarro de miel), y solo por insistencia del amigo oyente, en general los rechazo porque me da rubor aceptarlos, aunque siempre los agradezco. Es muy bonito sentir esa cercanía, y con ello me basta.

Por supuesto, también recibo correos y mensajes no tan amigables. Alguno me ha llegado diciéndome pequeñas barbaridades. Pero son muy pocos, teniendo en cuenta lo controvertida que es la historia de España. Me siento feliz por ello.

Luego hay quien, después de varios correos y comentarios positivos, un buen día advierte que tal o cual audio tiene un determinado defecto o que cierto dato es incorrecto. En general, estas críticas denotan el cariño de los oyentes. Con sus apreciaciones quieren contribuir a que el resultado sea perfecto, para que nadie pueda recriminarme nada, pues les dolería como algo suyo.

Hay un comentario que llevo muy mal: el que se limita a corregir, generalmente con gran frialdad, alguna información que ofrezco o, sobre todo, algún dato que no he incluido en el programa. Imagino a esas personas oyendo el audio, no escuchándolo, para ver si me olvido de ese dato en concreto, y poniéndose enseguida a escribir para reprochármelo. No te puedes hacer una idea de la de veces que me han recriminado la omisión de cierta información cuando, de hecho, sí está incluida en el audio. Está claro que, en su afán de detectar la falta, se han quedado fritos en la cama. Me sienta mal, pero no por mí, porque ya he dicho que estos mensajes son escasos. Lo que me apena es que haya personas obsesionadas con lo negativo y lo destructivo, porque se pierden todo lo bueno. Venir a este mundo para fijarse solo en lo que hace mal el de al lado, en vez de disfrutar con el propio desarrollo personal, es como ir a un asador y pedir una tortilla francesa. Es tirar el potencial de la vida por la borda. Detrás de estas personas hay un desajuste que probablemente se remonta a sus padres o abuelos y tiene que ver con una formación humana deficiente. En las redes sociales es muy común este tipo de comportamiento. Una pena, pero esas personas están ahí; habría que ayudarlas a solucionar sus conflictos interiores.

Por otro lado, debo reconocer que, según voy cumpliendo años, mi capacidad de aguante ante estos incidentes es cada vez más quebradiza. Sí, lo sé, son una minoría. Pero ya sabes lo bien que me caen las minorías que intentan imponer su criterio a toda costa. Además, aunque, como decía antes, todo el que se acerca al pódcast merece un trato amable, debería asumir que está recibiendo un contenido gratuito que conlleva un esfuerzo. Un motivo más que suficiente para disuadir a una persona de que haga observaciones digamos que agresivas.

Hablando de decepciones, no puedo evitar confesarte una que me persigue desde los comienzos de *Memorias de un tambor*. Me produce cierto desaliento que episodios con una gran carga emocional o muy trabajados no tengan la audiencia que merecen. Sé que es algo muy personal y que los oyentes escuchan lo que les parece oportuno, pero me cuesta aceptarlo. Me afecta, por ejemplo, que el audio dedicado a las víctimas del terrorismo sea uno de los menos descargados. Entiendo que es un audio duro, pero da que pensar. Intuyo que vivimos en un mundo que da la espalda a los problemas. Y una vocecita en mi interior ha hecho que en alguna ocasión me haya planteado abandonar el pódcast. Así soy, no puedo remediarlo.

Antes de grabar, ya sé qué temas van a hacer saltar los niveles de audiencia. Si hablo de una batalla, de un personaje histórico muy popular o de un asunto conflictivo, las descargas crecen exponencialmente durante los primeros días. Puede parecer lógico, pero es algo que no llevo demasiado bien. Es igual de absurdo que comprar un libro solo por su portada.

Luego, ves el cariño y la complicidad de la gente y te das cuenta de que alguien debe aglutinar a esta comunidad y canalizar su energía. Podría haber sido cualquier otra persona, pero por azares de la vida me ha tocado a mí, así que asumo la responsabilidad.

Procuro preservar mi intimidad todo lo que puedo. Lo cierto es que no soy mucho de aparecer en público. Tal vez sea algo generacional, porque hoy se estila todo lo contrario. Aun así, no imaginas la cantidad de oyentes que me han reconocido: médicos de urgencias, camareros, empleados de banca... Siempre se acercan a mí con tacto y afecto, lo que me hace pensar en la increíble repercusión del pódcast. Me cuesta acostumbrarme.

Nunca olvido, cuando voy a grabar un audio, que dispongo de la mayor arma de destrucción masiva: la palabra. Mal utilizada puede destrozar a una persona. Por el contrario, empleada con sentido común puede llegar a ser el mayor de los estímulos. Hay que pensar y cuidar mucho lo que vamos a decir.

A día de hoy, son decenas de miles los seguidores del programa en las redes sociales. Me sorprenden especialmente los 30 000 de YouTube, una plataforma destinada a los contenidos en vídeo, donde los audios no se acompañan de imágenes. Este dato nos da una idea de la importancia que tiene la difusión en formato audiovisual. En cuanto al número de escuchas y descargas, son varios los audios que ya han sobrepasado el medio millón.

Creo que todavía no he tomado consciencia de la magnitud de lo que estamos construyendo entre todos. Y digo entre todos porque vosotros sois mi única publicidad. Cada día conocen este trabajo más personas solo por las recomendaciones de los oyentes. Nadie sugiere nada que no le convenza. Esta progresión, basada en la comunidad que hemos forjado, es lo que me da fuerzas para seguir y, también, lo que me ha animado a escribir este libro que ya va llegando a su fin.

Es sorprendente que, aunque no publique audios con regularidad, la audiencia suba como la espuma. No me lo puedo creer, pero la experiencia está valiendo la pena.

Cuando me pongo delante del micrófono después de una larga temporada sin hacerlo, me invade la extraña sensación de saber que lo que diga va a llegar a toda esa comunidad. Ese vértigo es algo a lo que me cuesta acostumbrarme, principalmente por la responsabilidad que supone contar la historia de la forma más objetiva y veraz posible.

Para preparar los audios, como comentaba al principio de estas páginas, suelo basarme en tesis doctorales y trabajos de fin de grado. A veces me apoyo en algún libro en concreto, pero no es lo habitual. Muchos oyentes me piden bibliografía, pero prefiero no proporcionar esta información porque sé muy bien que mis fuentes, dependiendo de la orientación de los autores, agradarían a unos y disgustarían a otros. Es lo que hay y tenemos que vivir con ello.

Verse en la obligación de rehuir el debate en torno a la política, la religión e incluso el fútbol es decadente. Demuestra el poco respeto que nos merecen las posiciones de los demás. Volvemos a la incomprensible necesidad de etiquetar a las personas. Aunque es todavía peor cuando la gente se etiqueta a sí misma. Es muy común encontrar multitud de personas con opiniones y perfiles idénticos, duplicados de forma asombrosa conforme a los modelos en boga. Vierten como autómatas las mismas ideas sobre política, religión, economía, costumbres, medio ambiente o educación. Acabarán coincidiendo hasta en su helado preferido. Estos comportamientos me resultan muy curiosos o, mejor dicho, infantiles. De los mensajes que recibo se desprende que también hay oyentes del pódcast sometidos a esta presión exterior, que anula la personalidad y la capacidad de tomar decisiones propias; en una palabra, la libertad de pensamiento.

El contacto con los seguidores mediante el correo electrónico es formidable. Los agradecimientos y elogios dejan ver unos lazos invisibles que he llegado a aceptar con naturalidad, pues muestran que se ha creado un ambiente de cercanía. A menudo me gustaría conocer personalmente a quienes me escriben.

Para solucionarlo nació el grupo de viajes, que funcionó casi un año y nos permitió vernos las caras. La experiencia fue fantástica, porque por fin pude comprobar que el trabajo daba sus frutos. En las largas caminatas o durante las comidas pude hablar con muchos oyentes, aunque nunca disponía del tiempo necesario para atender a todos los que llenaban el autocar. Una actividad, la de los viajes en grupo, que me gustaría retomar en cuanto me sea posible.

Y si hablamos de contacto directo, qué mejor excusa que firmarte este libro cuando se dé la ocasión. Imagino que lo presentaré en distintos lugares de la geografía española, lo que, si te apetece, será una oportunidad única para conocernos.

Contactar con los oyentes, en persona o por escrito, es fundamental. A menudo me dicen que por qué no los sigo en redes sociales, que me han mandado una petición de amistad y no he respondido, o me dan a conocer otras desatenciones involuntarias, pues se deben a la imposibilidad de atender todos los campos que se me van abriendo. Me frustra no poder abarcarlo todo, pero dedico muchísimo tiempo no solo a preparar y grabar los audios, sino también a mantener el contacto con los que se dirigen a mí por cualquiera de los medios disponibles. Soy consciente de que, aunque contesto todos los correos, a veces que se me pasan comentarios o referencias en las redes sociales. No doy abasto.

El pódcast carece de publicidad y de contenidos de pago. He perdido la cuenta de las propuestas que he recibido de importantes plataformas privadas de podcásting. Algunas ofertas eran tentadoras, pero no pienso estropear el desarrollo de esta experiencia ni dejar de compartir con todo el mundo mis inquietudes. Existe la posibilidad de hacer donativos para sufragar los gastos fijos del pódcast, la adquisición de material técnico y documental, y la compra de los derechos de la música que acompaña a las narraciones.

Nunca imaginé que obtendría estos resultados de audiencia ni este reconocimiento en forma de premios. Ya hace mucho que no me presento a concursos para competir con otros pódcast. De hecho, estoy alejado de ese mundillo, quizá por una cuestión generacional. Aclaro que no he dicho que esté «por encima», sino «alejado». Cosas mías.

Reconozco que hay canales de pódcast de una calidad sublime y que ofrecen contenidos muy trabajados, pero cuya audiencia es muy inferior a la de *Memorias de un tambor*. El motivo es que la historia de España, por el abandono y la manipulación a los que se encuentra sometida, atrae a una gran cantidad de personas ávidas de información independiente. Una independencia que procuraré mantener a toda costa y que habría perdido si me hubiera adherido a cualquier plataforma privada, por mucha publicidad o prestigio que puedan proporcionar. Las cosas están bien como están. Vivo muy tranquilo, sin exponer mi imagen y controlando mi espacio al cien por cien. No tengo ninguna intención de formar parte de ese, para mí, extraño mundo de los *influencers*. Miedo me da solo con oír la palabra.

Finaliza aquí el libro, con este repaso de lo que, a mi modo de ver, puede interesar tanto a los oyentes habituales como a los lectores que se hayan acercado por primera vez a esta tarea divulgativa. Realmente ha sido la creación del pódcast lo que me ha conducido a la escritura de estas páginas.

Esto se acaba. Ahora, como acostumbro cuando termino mis audios, solo queda la despedida.

Para concluir

Hace varios meses que Rusia invadió Ucrania, uno de los hechos más degradantes que Europa recuerda desde la Segunda Guerra Mundial. Es cierto que la guerra de los Balcanes fue terrible, pero esta última nos ha tocado más de cerca por sus repercusiones mundiales. También nos deja un tufo a imperialismo en pleno siglo XXI y denota la incapacidad e ineptitud del pueblo ruso —sálvese quien pueda— por haber puesto su futuro en manos de un iluminado que, por descontado, nunca pisará el frente.

El conflicto está recrudeciéndose mientras escribo estas líneas. Solo nos queda esperar que Ucrania se libere pronto de la invasión.

Lo que te quería contar es que, cuando comenzó la guerra, no dudé en hacer algo para ayudar a esa pobre gente. Así que decidí vender camisetas del pódcast, cuyo beneficio se destinaría íntegramente a ayudar a los ucranianos. Siempre había sido reacio a vender nada relacionado con el programa, pero la ocasión bien lo merecía.

No hizo falta hacer mucha publicidad, porque la reacción fue extraordinaria. En muy poco tiempo se recaudaron miles de euros que llegaron a su destino con gran rapidez. Cuando me informaron del ritmo de ventas, entendí que todo el trabajo del pódcast tenía sentido. No se trataba de audios ni de historia. Había que movilizarse, y todos fuimos a una. Este es el mayor éxito de *Memorias de un tambor.* De repente, la invisible herencia que había divulgado durante incontables horas de emisión se hizo patente en forma de camisetas. Creo que puedes entender mi satisfacción, bueno, nuestra satisfacción, porque fue un logro de todos.

Y llegamos al final tras muchas páginas en las que he reflexionado sobre multitud de cuestiones que nunca me había planteado. Pese al esfuerzo en la redacción, la actividad ha sido para mí muy enriquecedora. Espero que también lo haya sido para ti.

La mayoría de las referencias históricas que hemos repasado se corresponden con alguno de los audios del pódcast. Estas páginas se basan en lo que he aprendido de la elaboración de los temas y de la posterior reacción de los oyentes. Te invito a seguir escuchando el pódcast; quizá lo disfrutes todavía más ahora que conoces mejor sus entresijos y a quien lo conduce. Y si lo has descubierto gracias a este libro, te doy la bienvenida.

La formación y el conocimiento son como la mirilla de una puerta. Si es diminuta, no sabremos quién nos espera al abrir. Si está sucia, percibiremos una realidad distorsionada. Viajar, leer, pensar o tener inquietud por lo que nos rodea amplían la mirilla. La educación, el espíritu crítico, los valores y la herencia recibida la mantienen limpia.

Esta es la esencia de mi tarea. Un objetivo nacido de la ilusión que jamás imaginé que me concedería esta hermosa recompensa. Te animo a que también lo intentes en la medida de tus posibilidades. Para los que crean no tener la capacidad de aportar nada a los demás, comparto lo que dice un cartel colgado en las oficinas de la NASA:

> Aerodinámicamente, el cuerpo de una abeja no está hecho para volar; lo bueno es que la abeja no lo sabe.